Mascha Kauka

Opas liebste Biergerichte

Weltbild Verlag

IMPRESSUM

Konzeption und Redaktion:
Mascha Kauka, Moosburg,
Ingeborg Pils

Umschlaggestaltung und Layout:
H.S. Medien GmbH, Helma Strobel,
Starnberg

Lithoarbeiten:
Kaltner Media GmbH, Bobingen

Druck und Bindearbeit:
Proost, Turnhout
Printed in Belgium

ISBN 3-89604-242-4

Mascha Kauka

Opas liebste Biergerichte

Weltbild Verlag

Inhalt

Inhalt

Kleine Bierologie

„Am guten Bier ist mehr gelegen denn an Goldessenzen, Herzpulvern und sonstigen Siebensachen. Oh, wenn die Obrigkeit darauf dächte, wie die Leute hierinnen zu versehen wären! Ich will allen zu Gemüthe führen, daß Brauhäuser und Bierkeller die vornehmsten Apotheken sind". So schrieb um 1730 der kursächsische Hofmedicus Professor Joachim Friedrich Henckel, Mitglied der Pariser Akademie. Die heilkundige Äbtissin Hildegard von Bingen brachte die Forderung des Doktors auf eine kürzere Formel: „Cerevisiam bibat - Man soll Bier trinken".

Daß der Gerstensaft ein gesundes Getränk ist, das für erhöhte Herztätigkeit sorgt, die Nierentätigkeit und den Stoffwechsel fördert, ist gewiß eine erfreuliche Begleiterscheinung. Sicher ist dies jedoch nicht der Hauptgrund, warum das Bier das beliebteste Getränk der Deutschen ist. Seien wir ehrlich: Es ist der schiere Genuß, den das kühle, bitter-milde "Hopfensüppchen" vermittelt. Ein frisch eingeschenktes Bier, das honiggelb leuchtet, eine schöne, feste Schaumkrone drauf und ein kleines Tröpfchen, das außen am beschlagenen Glas heruntertrödelt: Ein Bild, bei dem jedem Freund eines gepflegten Biers die Kehle trocken wird. Die Weisheit des Volksmunds bringt es auf den Punkt: „Durst wird durch Bier erst schön."

Im Durchschnitt sind es fast 132 Liter Bier, die der Bundesbürger pro Jahr trinkt. Dabei gibt es ein deutliches Nord-Süd-Gefälle. Während den Nordlichtern bescheidene 59 Liter pro Kopf genügen, kommt der durchschnittliche Bayer auf 180 Liter. So ist nicht verwunderlich, daß es innerhalb der bayerischen, weißblauen Grenzpfähle auch die meisten und ältesten Brauereien gibt.

Bier aus Brot

Auch, wenn alte Klosterbrauereien bei uns auf eine tausendjährige Tradition verweisen können, erfunden haben sie die Kunst des Bierbrauens nicht. Da muß man schon noch ein paar Jahrtausende mehr in der Geschichte zurückgehen.

Erste Kunde vom Bier kommt von den Sumerern, die zwischen dem vierten und dem zweiten Jahrtausend vor Christus das Zweistromland zwischen den Flüssen Euphrat und Tigris bewohnten. Da berichtet das Gilgamesch-Epos von dem Halbwilden Enkidu, dem späteren Freund des Helden Gilgamesch, der auf allen Vieren lief und bei den Tieren lebte. Erst, nachdem er ein halbes Dutzend Brote und sieben Krüge Bier getrunken hatte, wusch und salbte er sich und ging aufrecht auf seinen zwei Beinen. (Heutzutage verlernt mancher fröhliche Zecher nach sieben Krügen Bier den aufrechten Gang wieder).

Die Keilschriften auf den Schreib-Tontäfelchen der Sumerer erzählen uns auch, wie damals Bier gemacht wurde: Emmer, eine Weizenart, oder Gerste wurden gemahlen, mit Wasser und Sauerteig zu einem Teig verarbeitet. Daraus buk man Brote, die zwar außen eine knusprige Rinde hatten, innen jedoch noch halbroh waren. Die Brote wurden zerkrümelt, in einem Krug mit Wasser angesetzt und an der Sonne mehrere Tage zum Gären gebracht. Das schäumende Gebräu wurde danach durch ein Sieb gegossen und mit Honig oder geriebener Rettichwurzel gewürzt. Fertig war das Bier. Es dürfte allerdings ein ziemlich kurzes Verfallsdatum gehabt haben.

Als das sumerische Reich etwa 2000 v.Chr. zerfiel, übernahmen die Babylonier die Macht im fruchtbaren Zweistromland. Sie entwickelten das Bierbrauen, das ihnen die Sumerer hinterlassen hatten, noch weiter und vergoren bereits geröstete Gerste mit Sauerteig, ohne den Umweg über das Brot zu gehen. Es gab sogar schon mehrere Biersorten. Hammurabi, der gestrenge König der Babylonier (1728 - 1686 v.Chr.), verfügte auch per Gesetz, was mit Bierpanschern zu geschehen habe: Sie wurden in ihrem eigenen Plempel ersäuft. (Im Mittelalter bestrafte die Stadt Augsburg die Übeltäter übrigens auf die gleiche Weise).

Die Nachfolger der Babylonier waren die Ägypter. Sie betrieben das Bierbrauen im großen Stil. Hier gab es die ersten "Staatsbrauereien". Beamte, Soldaten und Priester erhielten ihr Gehalt in Bier und Brot. Jeder Bewohner des Staates hatte Anspruch auf sein Bier. Auch die Biermenge, die dem Pharao und der Königin zustanden, waren genau festgelegt.

Den Ägyptern schauten die Griechen das Bierbrauen ab und

gaben ihre Kenntnisse an die Römer weiter. Beide konnten jedoch wenig mit dem ihnen fremden Gebräu anfangen. Es waren römische Legionäre, die auf ihren Feldzügen in Germanien das Bier kennen und schätzen gelernt hatten. Sie brachten das wohl bessere Bier aus dem Norden nach Hause mit. Ab da war es in Rom sehr schick, Bier zu trinken.

Wann und von wem unsere Vorfahren, die Germanen, das Bierbrauen gelernt haben, ist nicht überliefert. Der römische Schriftsteller Tacitus berichtet um das Jahr 98 n.Chr., daß die Germanen riesige Saufgelage mit aus Honig vergorenem Met und Bier veranstaltet hätten. Daß er sich nicht besonders positiv über das germanische Bier äußerte, ist verständlich. Schließlich kannten die Germanen den Hopfen als Bestandteil des Biers noch nicht. Sie warfen stattdessen Eichenrinde, Harz, Wacholder, Pilze oder Misteln als Bierwürze in den Sudkessel.

Der Bierbreuwer". Holzschnitt on Jost Amann mit Versen von lans Sachs, um 1530.

Der Bierbreuwer.

Auß Gersten sied ich gutes Bier/
Feißt vnd Süß/auch bitter monier/
In ein Breuwkessel weit vnd groß/
Darein ich denn den Hopffen stoß/
Laß den in Brennten külen baß/
Damit füll ich darnach die Faß
Wol gebunden vnd wol gebicht/
Denn giert er vnd ist zugericht.

Unser Bier seit tausend Jahren

Hopfen wurde in den Klostergärten bereits im 8. und 9. Jahrhundert angebaut. Zunächst nur als Heilpflanze, später auch als Bierwürze.

Im Jahr 768 wird über die Mönche des Klosters Weihenstephan und ihren Hopfenanbau berichtet. "Brief und Siegel" für das Brauen von Klosterbier erhielten die Benediktiner des Klosters allerdings erst fast 300 Jahre später mit einer Urkunde aus dem Jahr 1040. Darin wurde den Mönchen der Marktzoll der Stadt Freising (zu der Weihenstephan gehört) für die Erlöse aus dem Bierverkauf erlassen.

In diesem Jahr 1040 sieht die heutige Staatsbrauerei Weihenstephan ihre Geburtsstunde. Seit damals - und wahrscheinlich schon seit ein paar Jahrhunderten davor - wird auf dem Hügel bei Freising nördlich von München ohne Unterbrechung Bier gebraut. Weihenstephan dürfte die älteste Brauerei der Welt sein.

Mit Fug und Recht kann diese Brauerei als Urstätte der deutschen Braukunst gelten. Sie ist gleichzeitig Ausbildungszentrum für künftige Braumeister und landwirtschaftliche Hochschule.

Einige Generationen von deutschen Brauern sind durch diese "Bieruniversität" gegangen. Seit fünf Jahrzehnten kommt auch der internationale Nachwuchs des Brauwesens zur Ausbildung hierher - von Thailand bis Kanada .

Neben den Klosterbrauereien gehören die Hof- und Adelsbrauereien zu den ältesten Braustätten. Da gibt es königliche, herzogliche, kurfürstliche und gräfliche Brauhäuser, die auf einige Jahrhunderte zurückblicken können. Teils hatte der Adel das Brauwesen früh als Einnahmequelle erkannt und sich die Vergabe der Brauprivilegien gesichert, teils leiteten die Herren von Stand auch selbst als Betriebsleiter und Braumeister ihren Braubetrieb. Manche von ihnen tun es heute noch. So leitet ein bayerischer Prinz aus dem Haus Wittelsbach die Brauerei in Kaltenberg.

Braumeister von königlichem Geblüt haben übrigens Tradition. Im Haus Hohenzollern hatte jeder Prinz einen bürgerlichen Beruf zu erlernen. Und so schickte der Soldatenkönig Friedrich Wilhelm I. von Preußen seinen Sohn Friedrich in die Brauerlehre, damit er lerne "wie das Brauwesen muß traktieret, gemaischet, das Bier gestellt, gefaßt und überall dabei verfahren sein muß, auf daß es gut sey". Aus dem fertigen Braumeister wurde später der "alte Fritz", König Friedrich der Große.

Bierfässer werden vor der Verschiffung nachgefüllt. Kupferstich um 1610.

In Süddeutschland hatten die Klosterbrauereien und die mit

dem Privileg des Landesherren tätigen gewerblichen Brauereien nur lokale Bedeutung. Man trank im Süden bis in das 15. Jahrhundert bei weitem mehr Wein als Bier.

Anders in Norddeutschland. Dort konnte der Weinanbau naturgemäß nicht gedeihen. Es waren die selbstbewußten Bürger der Städte des Nordens, die das Bierbrauen in die Hände nahmen und sich von keinem Adelsprivileg erschrecken ließen. Bald schlossen sich die Stadtbrauer zu Zünften zusammen und organisierten den Bierhandel, sogar den Export in fremde Länder. Die Stadt Magdeburg exportierte seit dem 11. Jahrhundert Bier in die Länder des Ostens, Bremen lieferte nach Flandern, Skandinavien und England. Dortmund, heute noch Deutschlands größte Bierstadt, bekam das Braurecht 1293 von Adolf von Nassau. Die Hanse, zu der sich die freien Städte des Nordens zusammengeschlossen hatten, öffnete dem Bierhandel die Meere des Nordens zu den Anrainerstaaten.

Die kleine Hansestadt Einbeck hatte um 1500 mehrere hundert Brauereien und lieferte ihr Bier in alle deutschen Lande. Im Jahr 1550 gehörten auch die bayerischen Herzöge zu den zufriedenen und durstigen Kunden. Das Bier aus Einbeck hieß das "einpöckisch pier", später wurde daraus das "Einpock Bier" und wandelte sich zum - Bockbier.

Erst um 1591 wurden dem bayerischen Herzog Wilhelm V. die Bierrechnungen aus Einbeck zu teuer und er baute seine eigene Brauerei, das Hofbräuhaus am Platzl in München.

Das Korn zum "flüssigen Brot"

Die Mönche in den Klosterbrauereien hatten den Begriff vom Bier als dem "flüssigen Brot" geprägt. Zum einen diente der Gerstensaft den Mönchen in der Fastenzeit tatsächlich als Nahrung, denn Flüssiges war von der strengen Fastenregel ausgenommen. Gottlob war Rom so weit weg. Hätte man im Vatikan geahnt, wie sehr sich mancher Benediktiner oder Franziskaner schon auf die "flüssige" Fastenzeit freute, hätte man sich sicher wieder eine bittere Regel der bußfertigen Kasteiung dagegen einfallen lassen.

Der Vergleich mit dem Brot hat aber auch einen handfesteren Grund. Beide, Bier und Brot, brauchen Getreide und Hefe. Der wichtigste Bestandteil des Biers ist das Malz, das aus Gerste oder Weizen gewonnen wird. Weizen wird vor allem für Weißbiere verwendet.

Das Keimen ist der wichtigste Vorgang beim Mälzen. Das "Grünmalz", das durch Einweichen der Gerste in Wasser entsteht, zeigt kleine, grüne Triebe und Würzelchen (die später entfernt werden). Am Ende der Keimung hat die Gerste 40 bis 50% Wasser aufgenommen und die natürlich vorhandenen Enzyme haben Stärke und Eiweiß "aufgeschlossen", also verfügbar gemacht. Höchste Zeit, den "Wachsvorgang" der Gerste zu unterbrechen, damit die Nährstoffe nicht zur Ausbildung des ganzen Gerstenhalms verlorengehen. Die Unterbrechung geschieht durch das "Schwelken" (Trocknen bei 50 bis 70 Grad) oder "Darren" (Rösten bei 85 bis 105 Grad), je nachdem, ob helles oder dunkles Bier aus dem Malz gebraut werden soll. Das Malz wird danach geschrotet und mit Wasser zur "Maische" aufgekocht. Sie wird nochmals mit Wasser verdünnt und mit dem Hopfen gesotten. So entsteht die "Stammwürze".

Hopfen zum Malz

Leider wissen wir nicht, wer entdeckt hat, daß der Hopfen die ideale Bierwürze ist. Im 8. und 9. Jahrhundert bauten manche Klöster in Bayern und Böhmen Hopfen schon in weitläufigen Gärten an. Der kann eigentlich nur zum Bierbrauen gebraucht worden sein, denn für die Verwendung als Heilpflanze hätten ja zwei Hopfenstauden im Kräutergärtlein hinter der Klosterapotheke genügt. Schriftlich haben wir es allerdings erst im 12. Jahrhundert. Da bezeichnet die Äbtissin Hildegard von Bingen in ihrem Kräuterbuch den Hopfen erstmalig als "der Bierbrauer Würtz".

"Der Hopf is a Tropf" sagen die Bauern in der Hallertau, dem größten Hopfen-Anbaugebiet der Erde. Sie meinen damit auch die Eigenartigkeit dieser Pflanze. Eigentlich gehört sie zu den Maulbeergewächsen, ist aber eine Staude. Der Hopfen ist Weltmeister im Wachsen. Jedes Jahr wächst er aus der Wurzel vom Boden ab neu und bildet bis zu 8 Meter lange Triebe, die sich an Drähten zu hohen Gestellen emporranken, und zwar immer rechts herum, niemals links. Wer's nicht glaubt, kann selbst nachschauen. Männliche und weibliche Pflanzen wachsen getrennt, und nur die weiblichen taugen zum Bierbrauen. Sie bilden kleine Blütenzapfen wie winzige Artischocken. Auf ihrem Blütenboden sitzen kleine Drüsen, die das "Lupulin" enthalten. Darin befinden sich die Bitterstoffe, die dem Bier seinen typischen Hopfengeschmack geben. Vor allem aber hemmt das Lupulin die Entwicklung von Bakterien und trägt so zur Haltbarkeit des Biers bei.

Hefe, mal ober- und mal untergärig

Schließlich wird noch Hefe zum Brauen gebraucht. Sie löst den Zucker aus der Stärke des Malzes und verwandelt ihn in Alkohol und Kohlensäure.

Einer trage des anderen Last".
ferträger auf einem Stich von 1680.

Nach der Art des Gärvorgangs und der verwendeten Hefe unterscheiden wir zwischen "untergärigem" und "obergärigem" Bier. Beim untergärigen Bier sinkt die Hefe nach Abschluß des Gärvorgangs, also nach etwa 10 Tagen, auf den Boden des Gärbottichs, beim obergärigen steigt die Hefe dagegen an die Oberfläche und schwimmt auf der Flüssigkeit. Dieser gewaltige weiße Schaum heißt "Kräusen". Das Weißbier verdankt dieser weißen Pracht seinen Namen.

In Nordrhein-Westfalen sind Kölsch und Altbier obergärig, in Berlin die "Berliner Weiße". In Bayern gibt es als Obergäriges nur das Weißbier, und neuerdings - als Widerspruch in sich - auch das "dunkle" Weißbier (aus dunkel gedarrtem Weizenmalz).

Für unsere Altvorderen hatte der Unterschied zwischen untergärigem und obergärigem Bier größere Bedeutung, als nur die des persönlichen Geschmacks. Obergärige Hefe arbeitet nämlich bei Temperaturen zwischen 15 und 18 Grad. Untergärige Hefe braucht dagegen kühle Umgebung, so etwa 4 bis 8 Grad. Da es früher keine künstliche Kühlung gab (die hat der schlaue Herr von Linde erst 1875 erfunden), mußte man sich beim Brauen nach der Temperatur der Umgebung richten. Deshalb wurde in Deutschland bis zur Mitte des 19. Jahrhunderts meist obergärig gebraut. Außer in Bayern. Wegen der langen, kalten Winter, die Natureis lieferten, und der Möglichkeit von Lagerkellern konnten hier niedrige Temperaturen über einen längeren Zeitraum erhalten und so untergäriges Bier hergestellt werden. In Bayern galt die Faustregel, daß das für den Sommer gebraute Bier von Georgi (23. April) bis Michaeli (29. September) reichen müsse. Waren in besonders heißen Sommern die Biervorräte schon im August stark dezimiert, dann war eben "Michaeli auf Mariä Himmelfahrt (15. August)"gefallen.

Bier ist nicht gleich Bier

Über 4.500 Bier-Markennamen gibt es angeblich in Deutschland. Vielleicht sind sogar noch ein paar dazugekommen, während Sie diese Zeilen lesen. Ein unermüdliches Marketing läßt immer neue Biermarken und -variationen auf die verwirrte Menschheit los. Unterschiede gibt es in Hopfenanteil, Stammwürze und Alkoholgehalt - vor allem aber in Preis und Aufmachung.

Die Stärke des Biers wird in Prozenten angegeben. Dabei handelt es sich jedoch keineswegs um Alkoholprozente, sondern um den Anteil an Stammwürze. Nur etwas mehr als ein Drittel der Stammwürze verwandelt sich durch den Gärvorgang in Alkohol. Als Faustregel gilt demnach: Alkoholprozent ist etwas mehr als ein Drittel des Stammwürzeanteils.

Wie läßt sich nun Bier von Bier unterscheiden?

Für eine grobe Übersicht halten wir uns am besten an die Einteilung nach Biergattungen:

Da ist zunächst das **Vollbier**, mit über 98% Marktanteil Spitzenreiter im Konsum. Es hat 11-14% Stammwürzegehalt und 4,5 - 5,5% Alkohol.

Zu den Vollbieren gehören:

Lager, hell oder dunkel: Stammwürzegehalt 11-14%, Alkohol 4,6-5,6%. Das "normale" Bier, das man bekommt, wenn man im Lokal ein Helles oder Dunkles bestellt.

Weizenbier, hell oder dunkel: Stammwürzegehalt 11-14%, Alkohol 4,5%. Das obergärige Weizen soll eine leichte Hefetrübung zeigen, es ist schwach hopfenbitter mit viel Kohlensäure.

Diätbier, hell: Stammwürzegehalt 11,3%, Alkohol 4,8%. Meist sehr stark gehopft.

Altbier, dunkel: (seltener: hell) Stammwürzegehalt 11,2-12%, Alkohol 4,8%. Obergärig, aromatisch und hopfenherb.

Kölsch, hell: Stammwürzegehalt 11,2-11,8%, Alkohol 4,8%. Auf den Raum Köln beschränktes helles Obergäriges.

Pils (Pilsener), hell: Stammwürzegehalt 11-12%, Alkohol 4,8%. Das nach Art des tschechischen Pilseners gebraute Bier ist stark gehopft, herb, spritzig.

Exportbier, hell oder dunkel: Stammwürzegehalt 12,5-14%, Alkohol 4,6%. Wurde früher für den Export gebraut, hat jetzt aber seinen Markt im Inland.

Export-Weizenbier, hell und dunkel: Stammwürzegehalt 12,5-14%, Alkohol 5,4%. Malzaromatisch, mit viel Kohlensäure.

Märzenbier, hell oder dunkel: Stammwürzegehalt 12,5-14%, Alkohol 3,8-4,3%. Bernsteingelb oder goldfarben. Wird im März für den Sommerausschank gebraut. Oktoberfest-Märzen hat mindestens 13,5% Stammwürzegehalt.

Spezialbier, hell oder dunkel: Stammwürzegehalt 13-14%, Alkohol 4-4,3%. Meist zu besonderen Anlässen eingebrautes, stärkeres Vollbier, nicht sehr hopfenbitter.

Rauchbier, dunkel: Stammwürzegehalt 13,5%, Alkohol 4,5%. Herbwürziges Bier mit typischem Rauchgeschmack, vor allem in der Bamberger Gegend (Schlenkerla).

Die nächste Gattung heißt **Starkbier**. In ihr sind die Biere zusammengefaßt, die mehr als 16% Stammwürze und 5% Alkohol enthalten.

Zu den Starkbieren gehören:

Bockbier, hell oder dunkel: Stammwürzegehalt 16-17%, Alkohol 6%. Einige der Frühjahrsstarkbiere (Maibock) und Festbiere (Weihnachtsbock) gehören zu dieser Gruppe.

Weizenbock, hell oder dunkel: Stammwürzegehalt 16-17%, Alkohol 6%. Malzaromatisches, leicht bitterherbes, obergäriges Starkbier.

Doppelbock, hell oder dunkel: Stammwürzegehalt 18-19%, Alkohol 7%. Die bayerischen Frühjahrsstarkbiere, die mit "..ator" enden, sind (meist dunkle) Doppelbockbiere.

Weizendoppelbock, hell oder dunkel: Stammwürzegehalt 18-19%, Alkohol 7%. Meist nur zu ganz besonderen Gelegenheiten eingebrauter, obergäriger Bock.

Eisbock, dunkel: Stammwürzegehalt 28%, Alkohol 9%. Durch Einfrieren wird dem Bier Wasser entzogen und so der Stammwürze- und Alkoholgehalt konzentriert. Malzsüß und cremig. Das stärkste bei uns erhältliche Bier.

Der guten Ordnung halber sei noch auf die "leichte Kavallerie" unter den Bieren hingewiesen:

Berliner Weiße, hell: Stammwürzegehalt 7-8%, Alkohol 2,8%. Obergäriges Schankbier, das nur in Berlin lokale Bedeutung hat.

Alkoholarmes Bier: Stammwürzegehalt 7-12%, Alkohol 1,5%.

Alkoholfreies Bier: Stammwürzegehalt 7-12%, Alkohol 0-0,5%.

Diese Einteilung in Biergattungen ergibt sich aus dem Biersteuergesetz, nach dem alle in Deutschland gebrauten Biere, ob im Norden, Süden, Osten oder Westen, den gleichen Besteuerungsgrundsätzen bei gleicher Biergattung mit gleichen Stammwürzewerten unterliegen. Die oft gehörte Meinung, norddeutsches Bier sei stärker als süddeutsches (oder umgekehrt, je nach eigenem Standpunkt des Bierfreundes), oder obergäriges Weißbier sei schwächer als untergäriges Vollbier, ist also blanker Unsinn.

Das Reinheitsgebot

Ein viel älteres Bier-Gesetz hat historische Bedeutung. Das "Reinheitsgebot" von 1516 ist das älteste, heute noch gültige Lebensmittelgesetz der Welt. Es schreibt vor, für das Brauen von Bier ausschließlich Gerste, Hopfen und Wasser zu verwenden. Von der Rolle der Hefe beim Brauen wußte man damals noch nicht viel. In einer späteren Verordnung wurde klargestellt, daß mit Gerste das Gerstenmalz gemeint sei, daß auch Weizen vermalzt und zur Gärung Hefe hinzugefügt werden dürfe.

Und das ist die einfache Regel, nach der sich jeder deutsche Brauer auch heute noch zu richten hat, seit mehr als 480 Jahren.

An Georgi 1516 riefen die Bayernherzöge Wilhelm IV. und Ludwig X., die gemeinsam regierten, den bayerischen Landesständetag in Ingolstadt zusammen und legten ihm ein Gesetz vor, in dem es u.a. heißt:" Wir wöllen auch sonderlichen, daß füran allenthalben in unseren Stettn, Märckten unnd auf dem Lande zu kainem Pier merer stuckh dann allain Gersten, hopffen und wasser genomen unnd gepraucht sölle werden". Das Gesetz wurde einstimmig angenommen.

Nun war das Reinheitsgebot der beiden Herzöge nicht die erste gesetzliche Regelung, die sich mit der Sauberkeit der Zutaten beim Bierbrauen befaßte. Die Stadt Augsburg verfügte bereits 1155 drakonische Strafen für das Brauen von "schlechtem" Bier, Nürnberg erließ 1303 ein "Gerstengebot", das durch die Stadtbehörden streng kontrolliert wurde, und München erhielt 1487 durch Herzog Albrecht IV. eine entsprechende Anordnung.

Das Reinheitsgebot hat also nur bereits seit Jahrhunderten gültiges Stadt- und Landrecht zusammengefaßt und für ganz Bayern verbindlich gemacht.

Aber warum war es zu Anfang des 16. Jahrhunderts notwendig, ein solch strenges Reglement zu erlassen?

Weil zum damaligen Zeitpunkt dieselbe Gefahr bestand, wie sie sich in jüngster Zeit wieder abzuzeichnen drohte. Zwar wurden dem Bier keine Schwefel-, Salz- oder Phosphorsäure, Glycosesirup, Sacharin oder Gummiarabicum zugefügt, wie sie heute in manchen ausländischen Bieren zusammengeschüttet werden. Aber der findige Brauer von damals kam auch schon auf die Idee, "Chemikalien" zur "Geschmacksbildung" und "Haltbarmachung" dem Bier zuzufügen. Da kamen Scheußlichkeiten ins Bier wie: Ochsengalle, Wacholder, Harz, Gagel, Schlehe, Eichenrinde, Wermut, Kümmel, Anis, Lorbeer, Schafgarbe, Mistel, Stechapfel, Enzian, Rosmarin, Kiefernwurzel, Holzspäne, Tannennadeln, Johannisskraut und das giftige Bilsenkraut. Und daß man aus Hirse, altem Brot, Hafer oder Dinkel auch Bier brauen kann, war schon den damaligen Biersiedern eingefallen, nicht erst den heutigen Großbrauereien in Frankreich, Holland oder England.

Das Reinheitsgebot von 1516 und die rigorose Kontrolle der Einhaltung durch die Landesherren und später durch den Staat, legten den Grundstein für die Qualität und das weltweite Ansehen des deutschen Biers.

Im Jahr 1987 verurteilte der Europäische Gerichtshof die Bundesrepublik dazu, auch ausländische Biere in Deutschland zuzulassen, die dem Reinheitsgebot nicht entsprachen. Erlaubt sein sollten Biere aus Mais, Hirse, Hafer, Reis, außerdem Zusätze von chemischen Farb-, Konservierungs-, Geschmacksstoffen und Enzymen. Da die Brauereien hierzulande gesetzlich nach wie vor an die teure Produktion nach dem Reinheitsgebot gebunden waren, drohte der Preiskrieg mit den Billiganbietern aus anderen Ländern.

Gottlob gelang es den deutschen Brauern, das Reinheitsgebot als besonderes Qualitätsmerkmal in das Bewußtsein der Bierliebhaber zu bringen. Der Marktanteil von "Exotenbieren" ist nach wie vor gering und beschränkt sich auf ein paar Treffs der Schicki-Micki-Szene. Hierzulande wußte der ehrsame Biertrinker immer schon, daß die Grundsubstanzen "seines" Biers naturrein, von erstklassiger Qualität und ohne jede Chemie sind - gleichgültig, von welcher deutschen Brauerei der Gerstensaft kommt, der da bernsteingelb oder malzigdunkel mit einer Schaumkrone obendrauf im Glas funkelt.

Bier im Garten

Am besten schmeckt das Bier natürlich dort, wo es frisch vom Faß aus dem kühlen Lager kommt, nämlich im - genauer gesagt, über dem - Bierkeller. Die Münchner Brauereien hatten früh schon bei den Lagerkellern, in denen das Sommerbier ruhte, Biergärten angelegt. Unter schattigen Kastanien, an zünftigen Tischen und Bänken, wird seit alters her Bier ausgeschenkt. Der "Ganterbursch" rollt die Fässer aus der Tiefe auf den "Ganter", ein Holzgestell, auf dem das Faß in Schräglage aufgestellt ist. Dann wird "o'zapft". Der Schankkellner treibt mit wenigen gezielten Hammerschlägen den "Wechsel" (Messinghahn) und das "Pfeiferl" (Ventil) ins Faß - und schon läuft das kühle Bier in die Krüge.

ünchner Biergarten im Biedereier. Nach einem Gemälde von . Kaiser 1840.

Wenn es "vier Maß im Schatten" hat, wandert der Münchner mit Kind und Kegel in seinen Lieblingsbiergarten. Die Brotzeit dazu bringt er sich selbst mit. Niemand findet etwas dabei, wenn sich aus Taschen und Körben Leberkäs, Radi, Essiggurken, Emmentaler, Geräuchertes, Pressack und Brezen auf dem Tisch auftürmen.

Der Brauch geht übrigens auf einen Rechtsspruch des Bayerischen Königs Ludwig I. zurück. Die Zunft der Münchner Wirte hatte gegen die Brauereien geklagt. Den Brauern sollte verboten werden, in den Biergärten außer dem Bier auch Speisen zu verkaufen, weil das den Wirten das Geschäft verderbe. Der König gab den Wirten recht, und seitdem dürfen die Biergartler sich selbst versorgen. Zwar sind die Bräuche heute nicht mehr so streng. In allen Biergärten gibt es jetzt Buden, die Brotzeit verkaufen, aber "zünftiger" ist es, die "Zubeiß" selbst mitzubringen.

Biergärten nach bayerischem Vorbild haben sich inzwischen auch in allen anderen Gegenden Deutschlands eingerichtet. Sogar in südlichen Ländern und in Amerika breitet sich Biergartenkultur aus. Unter den schattigen Kronen alter Kastanien schmeckt das Bier eben nach frischer Luft.

Bier und Speisen

Vom Begriff des "flüssigen Brots" und der innigen Verbindung von Brot und Bier war schon die Rede. Noch im 15. Jahrhundert gehörte die Hausbrauerei zu jedem Bauernhof wie der eigene Brotbackofen.

Die einfachen Leute lebten von Mehlsuppe, Brot und Dünnbier, das es teilweise schon zum Frühstück gab. Gelegentlich wurde das Brot auch ins Bier getaucht. Wenn man das Ganze auch noch erhitzte (vor allem, wenn das Bier schon etwas schal geworden war), Mehl oder Milch einrührte und würzte, war schon eine einfache Biersuppe fertig. In der Folgezeit wurden Biersuppen nicht nur die Speise der Bauern, sondern raffinierte Rezepte gelangten bis an die höfische Tafel. Wenn der Alte Fritz einmal sagte, man habe ihn schließlich auch nur mit "mancherlei Biersuppen aufgezogen", so hieß das keineswegs, daß der Koch sich nichts Außergewöhnliches hatte einfallen lassen.

Der Siegeszug der französischen Küche in Europa hatte die Segnungen des Biers als "Küchen-Flüssigkeit" hinter der des Weins zurücktreten lassen. Riegelsame Hausfrauen, die das Kochen von der Mutter oder Großmutter gelernt hatten, hat das nie besonders beeindruckt. Sie wußten immer schon, daß das Geheimnis mancher ausgezeichneten Sauce in dem richtigen

Maß (eventuell dunklen) Biers liegt. Das würzige Aroma von Malz und Hopfen gibt oft erst den rechten Pfiff. Neuerdings wenden sich selbst renommierte Küchenchefs bei der "création" ihrer Sößchen wieder reumütig dem Bier zu.

Für die knusprige Kruste eines Bratens im Backofen ist das Begießen mit Bier unerläßlich, denn die karamelisierende Wirkung des Malzes ist durch keine andere Flüssigkeit zu ersetzen.

Schließlich sei auch auf die Kohlensäure im Bier hingewiesen, die in der Küche höchst erwünschte Wirkung zeigt: in Cremes und Sorbets mit Weißbier, in Bierschaumsaucen und beim Dünsten von Gemüse und Fisch. Kohlensäure wirkt als Treibmittel in Bierteigen zum Ausbacken. Das macht sie locker und luftig. Und schließlich wird in Bier eingelegtes Fleisch ein mürber Braten.

So bringt die Verbindung von Bier und Speise doppelten Genuß: Köstlichkeiten, die hervorragend zum Bier schmecken, und leckere Gerichte, in denen Bier die Zutat ist, auf die man nicht verzichten möchte.

Guten Appetit - und ...

WC

Brotzeitschmankerl, daheim und im Biergarten

Rheinischer Heringssalat

Die Kartoffeln waschen und in der Schale in Salzwasser etwa 20 Minuten gar kochen. Dann abgießen, mit kaltem Wasser abschrecken und pellen. Die Kartoffeln etwas auskühlen lassen und in Würfel schneiden.

Die Matjesfilet abspülen, trockentupfen und in kleine Würfel, den Kalbsbraten in dünne Streifen schneiden.

Selleriescheiben, rote Bete und Gewürzgurke abtropfen lassen und würfeln.

Die Zwiebel abziehen und fein hacken.

Den Apfel waschen, vierteln, entkernen und in Scheiben schneiden. Alle Zutaten in einer Schüssel mit den Kapern vermengen.

Aus Essig, Öl, Senf und der heißen Brühe eine Marinade anrühren und über den Salat gießen. Vorsichtig durchmischen und zugedeckt im Kühlschrank 3 bis 4 Stunden ziehen lassen. Erst dann mit Salz und Pfeffer abschmecken.

Die harten Eier schälen, in Scheiben schneiden und den Salat damit garnieren.

4 PORTIONEN
Salat einige Stunden durchziehen lassen

einfach, braucht Zeit

4 Kartoffeln
Salz
4 Matjesfilets
125 g Kalbsbraten in Scheiben
150 g Selleriescheiben aus dem Glas
150 g rote Bete aus dem Glas
1 große Gewürzgurke
1 große Zwiebel
1 großer, süßer, roter Apfel
1 EL Kapern
2 EL Weinessig
3 EL Öl
1 TL scharfer Senf
150 ml heiße Brühe
frisch gemahlener schwarzer Pfeffer
2 harte Eier

Gebeizte Matjes

Die Matjesfilets über Nacht wässern. Am nächsten Tag unter fließendem Wasser abspülen, gut abtropfen lassen und in eine Schüssel legen.

1 Liter Wasser mit dem Essig, dem Zucker und dem Pfeffer verrühren. Die Beize über die Matjesfilets gießen und die Lorbeerblätter zufügen. An einem kühlen Ort mindestens 1 Tag durchziehen lassen.

Die Matjesfilets aus der Beize heben und in mundgerchte Stücke schneiden. Die Beize in eine Salatschüssel abseihen.

Die Möhren schälen, der Länge nach einkerben und in dünne Scheiben hobeln.

Die Silberzwiebeln abgießen und abtropfen lassen. Die Möhrenscheiben, Silberzwiebeln und die Matjesstücke zurück in die Beize geben und noch etwas darin ziehen lassen.

4 PORTIONEN
einfach, braucht Zeit

12 Matjesfilets
1/8 l Weinessig
5 EL Zucker
1 TL grob gestoßener schwarzer Pfeffer
4 Lorbeerblätter
2 Möhren
300 g Silberzwiebeln aus dem Glas

Dazu passen Bauernbrot und Butter.

Bismarckheringe, Hausfrauenart

Die Heringsfilets 5 Stunden wässern. Dann die Filets aus dem Wasser heben und abtropfen lassen. Die Heringe in mundgerechte Stücke schneiden.

Die Zwiebeln abziehen und in dünne Ringe hobeln. Die Gewürzgurken in Scheiben schneiden.

Die Äpfel schälen, vierteln und das Kerngehäuse entfernen. Die Apfelspalten in dünne Scheiben schneiden. Die Heringe, Zwiebeln, Gewürzgurken und Äpfel in eine Schüssel schichten.

Für die Marinade saure Sahne, Joghurt und Weinessig verrühren. Pfeffer- und Senfkörner, Salz, Zucker und das Lorbeerblatt zufügen. Die Marinade über die Heringe gießen. Zugedeckt an einem kühlen Ort 2 Tage ziehen lassen.

Den Dill waschen, trockenschütteln und fein hacken. Vor dem Servieren über die Bismarckheringe streuen.

Als Beilage passen Pellkartoffeln.

4 PORTIONEN

Heringe 2 Tage marinieren

einfach, braucht Zeit

8 Filets von Salzheringen
2 Zwiebeln
2 Gewürzgurken
2 rote Äpfel
300 g saure Sahne
200 g Naturjoghurt
2 EL Weinessig
6 Pfefferkörner
6 Senfkörner
Salz
1 Prise Zucker
1 Lorbeerblatt
1 Bund Dill

Heringe in Weißbier

Die Heringe gründlich säubern, Kopf und Schwanz entfernen und die Fische trockentupfen. Innen und außen mit Salz und Pfeffer einreiben.

Die Gemüsezwiebel abziehen und in feine Scheiben hobeln.

Eine feuerfeste Form mit Deckel mit den Zwiebelscheiben auslegen und die Heringe darauf legen. Die Lorbeerblätter und Pimentkörner zugeben, mit Nelkenpulver und Zucker würzen und mit dem Weißbier übergießen. Mit so viel Wasser auffüllen, daß die Heringe ganz mit Flüssigkeit bedeckt sind. Zugedeckt im vorgeheizten Ofen bei 175°C 30-40 Minuten garen.

Die Heringe im Sud erkalten lassen. Vor dem Servieren mit den Zwiebelscheiben portionsweise anrichten und mit etwas Sud übergießen.

4 PORTIONEN

einige Stunden vorher zubereiten

einfach

Salz
frisch gemahlener Pfeffer
1 große Gemüsezwiebel
2 Lorbeerblätter
4 Pimentkörner
1 Prise Nelkenpulver
1 Prise Zucker
1/4 l Weißbier

Dazu schmecken frisches Bauernbrot und leicht gesalzene Butter.

Bierkaltschale

4 PORTIONEN
einige Stunden vorher zubereiten

einfach

1 l dunkles Bier
100 g Zucker
abgeriebene Schale von 1/2 unbehandelten Zitrone
1 Stange Zimt
2 Gewürznelken
125 g Korinthen
100 g geriebenes Schwarzbrot
Zitronenscheiben und Minzeblättchen zum Garnieren

Das Bier mit dem Zucker, der Zitronenschale, dem Zimt und den Gewürznelken kurze Zeit kochen lassen. Vom Herd nehmen und erkalten lassen. Die Zimtstange und die Gewürznelken entfernen.

Die Korinthen waschen. Mit etwas kochendem Wasser übergießen und quellen lassen.

Die abgetropften Korinthen und das Schwarzbrot in eine Glasschale geben, mit dem Bier übergießen und im Kühlschrank kalt stellen.

Mit Zitronenscheiben und Minzeblättchen garnieren und sehr kalt servieren.

Tatar

4 PORTIONEN

einfach, Blitzrezept

400 g frisches Tatar
(oder 400 g Rinderfilet, selbst durchgedreht)
2 Zwiebeln
100 g Gewürzgurken
1-2 Bund glatte Petersilie
50 g kleine Kapern
Salz
grober Steakpfeffer
Paprikapulver, edelsüß
4 Eigelb

Das Tatar in 4 Portionen teilen und auf Teller oder Brettchen häufen.

Die Zwiebeln schälen, die Gurken abtropfen lassen, die Petersilienblättchen abzupfen und alles fein hacken.

Die Kapern abtropfen lassen.

Die vorbereiteten Zutaten, Salz, Pfeffer und Paprikapulver um das Tatar herum anrichten. Je ein Eigelb (am besten noch in der Schale) in das Fleisch setzen. Sofort servieren.

Variation: Zusätzlich oder im Austausch können Sie auch Zitronensaft, Öl, Cognac oder Crème fraîche dazu servieren. Auch fein geschnittene Radieschen oder Schnittlauchröllchen passen gut dazu.

Tellersülze

Die Fleischteile und Knochen in heißem Wasser aufsetzen und 5 Minuten sprudelnd Kochen lassen. Das Wasser weggießen und die Teile unter fließendem, kalten Wasser gründlich waschen - so bleibt die Sulzflüssigkeit klar.

Das Fleisch mit den Gewürzen wieder in den Topf geben und 1,8 Liter Wasser zuschütten. Die Gemüse putzen, schälen, grob zerteilen und mit etwas Salz zugeben. Alles bei schwacher Hitze 2 1/2 Stunden köcheln lassen.

Die großen Teile mit der Schaumkelle aus dem Topf heben, die Brühe durch ein Sieb gießen, den trüben Bodensatz im Topf zurücklassen. Zum besseren Klären, kann das Sieb mit einem Tuch ausgelegt werden, oder man gießt durch einen Papierfilter.

Die Gelierbrühe noch warm mit Salz und Essig würzen. Sie muß sehr kräftig abgeschmeckt werden, damit sie auch im kalten Zustand noch würzig schmeckt.

6 PORTIONEN
einfach, braucht Zeit

1,2 kg Teile vom Schwein und Kalb: Kopf, Ohren, Schwanz, Schwarte und Füße (vom Metzger zerteilt)
10 Pfefferkörner
4 Pimentkörner
3 Gewürznelken
2 Lorbeerblätter
1 Stange Lauch
1 Möhre
1/4 Sellerieknolle
1 große Zwiebel
Salz

Weißweinessig
6 große oder 12 dünne Scheiben gekochtes Fleisch (Schwein oder Rind)
300 g Mixed Pickles
1 hartgekochtes Ei
1/2 Bund Schnittlauch

Mit Bauernbrot und Butter servieren.

6 Suppenteller mit den Fleischscheiben und Mixed Pickles auslegen. Das Ei in Scheiben schneiden und verteilen. Den Schnittlauch waschen, trockenschütteln, in Röllchen schneiden und darüberstreuen.

Wenn die kalte Brühe kurz vor dem Gelieren ist, die Teller damit auffüllen und kalt stellen, bis die Sülze fest ist.

Bayerischer Wurstsalat

PORTIONEN

einfach, Blitzrezept

600 g Regensburger (ersatzweise Fleischwurst)
150 g Gewürzgurken
2 große Zwiebeln
Salz
frisch gemahlener schwarzer Pfeffer
2 EL Essig
3 EL Öl

Die Regensburger in Scheiben schneiden, die Gewürzgurken ebenfalls. Beides in einer Schüssel mischen. Die Zwiebeln abziehen und in dünne Ringe hobeln. Aus den restlichen Zutaten zusammen mit 1/8 Liter Wasser eine Marinade mischen und die Zwiebeln kurz darin marinieren.

Zum Schluß die Marinade samt Zwiebeln über die Wurstscheiben geben, gut mischen und durchziehen lassen. Eventuell noch mit etwas schwarzem Pfeffer nachwürzen.

Kalter Tafelspitz mit grüner Sauce

PORTIONEN
Das Fleisch am Vortag kochen

einfach, braucht Zeit

1 kg Tafelspitz
2 Suppenknochen
2 Bund Suppengrün
1 Zwiebel
1 Knoblauchzehe
Salz
1 TL Pfefferkörner
1 TL Wacholderbeeren
4 Gewürznelken
1 Lorbeerblatt

Grüne Sauce:
2 Bund glatte Petersilie
1 Bund Schnittlauch
1 Bund Dill
1 Schalotte
3 EL Essig
1 Messerspitze Salz
frisch gemahlener Pfeffer
1 TL Senf
5 EL Öl

Radieschensalat:
1 Bund Radieschen
Salz
1 EL Essig
2 EL Öl

Das Fleisch und die Knochen waschen und in einen nicht zu weiten Topf legen. Das Suppengrün putzen, waschen und grob zerteilen. Zwiebel und Knoblauch abziehen und halbieren. Das Gemüse mit 1 Teelöffel Salz und den Gewürzen zum Fleisch geben. Soweit mit kaltem Wasser auffüllen, daß alles knapp bedeckt ist. Das Wasser einmal aufkochen und dann den Tafelspitz bei schwacher Hitze und halbgeschlossenem Deckel 2 Stunden köcheln lassen.

Zur Garprobe anstechen und eventuell weitere 30 Minuten kochen.

Den gegarten Tafelspitz in der Brühe auskühlen lassen und über Nacht in den Kühlschrank stellen.

Am nächsten Tag die Brühe entfetten. Vom Tafelspitz Fett und Hautteile entfernen und das Fleisch auf der Aufschnittmaschine in möglichst dünne Scheiben schneiden. Die Fleischscheiben bis zum Servieren wieder in die kalte Brühe legen.

Für die grüne Sauce die Kräuter waschen, trockenschütteln, die groben Stiele entfernen und die Kräuter fein hacken. Die Schalotte abziehen und ebenfalls fein würfeln. Essig, Salz, Pfeffer und Senf mit 2 Eßlöffel Fleischbrühe verrühren und mit dem Öl sämig schlagen. Kräuter und Schalotte mit der Marinade verrühren und etwas ziehen lassen.

Die Radieschen waschen, putzen, in feine Scheiben hobeln und schwach salzen. Essig und Öl darüber träufeln und den Salat durchmischen.

Zum Servieren 4 Teller mit Tafelspitzscheiben auslegen und mit etwas Brühe befeuchten. Pfeffer grob darüber mahlen. Die grüne Sauce und den Radieschensalat dekorativ auf den Fleischscheiben anrichten.

Gefüllter Schweinsfuß

Am Vortag den Fuß hohl bis auf die Zehen auslösen, dabei die Haut wie einen Strumpf nach unten ziehen. 24 Stunden wässern. Das Haxenfleisch von den Knochen lösen.

Das Fleisch und den Speck getrennt in Streifen schneiden. Den Knoblauch abziehen, durchpressen, mit den Gewürzen an das Fleisch und den Speck geben und vermengen. Das gewürzte Fleisch 2mal durch die feine Scheibe des Fleischwolfs drehen, den Speck nur 1mal.

Das Kasseler grob würfeln. Mit den Pistazien, den Pinienkernen und dem Speck unter die Fleischmasse mischen.

Von der Füllung einen Probekloß garen. Eventuell nachwürzen.

Den Schweinefuß trockentupfen und mit der Farce nicht zu prall stopfen. Die Löcher für die Naht am offenen Ende vorstechen und mit starkem Garn zunähen.

Die Haxe auf einen Kochlöffel legen und umwickeln. Dazu eignen sich etwa 5 cm breite Baumwollstreifen, aus einem Küchentuch geschnitten. Zusätzlich mit Küchengarn binden.

Das Suppengrün putzen, waschen und in grobe Stücke teilen. Am besten in einem Fischkochtopf kaltes Wasser mit Salz, dem Suppengrün und den Lorbeerblättern vorbereiten.

Die Haxe einsetzen, so daß sie voll mit Wasser bedeckt ist. Den Sud bei geringer Hitze sehr langsam zum Köcheln bringen. Die Haxe bei ca. 80°C Wassertemperatur etwa 3 1/2 Stunden garen und im Sud erkalten lassen.

Die kalte Haxe vorsichtig auswickeln - die Haut ist sehr empfindlich, solange sie noch feucht ist.

Noch besser als nur pochiert, schmeckt die Haxe geräuchert. Wenn Sie nicht selbst ein Räuchergerät haben, bitten Sie Ihren Metzger, den gefüllten Schweinefuß in den Rauch zu hängen.

Zum Servieren wird der Fuß wie eine Wurst in dünne Scheiben aufgeschnitten.

4 PORTIONEN

Einen Tag im voraus zubereiten. Wird der Schweinsfuß geräuchert, mehrere Tage einplanen

1 gebrühte Vorderhaxe (gut 1 kg) mit unverletzter Haut
200 g frischer Speck
12 g Salz
frisch gemahlener weißer Pfeffer
1 Messerspitze Piment
frisch geriebene Muskatnuß
6 zerquetschte Wacholderbeeren
1 TL frischer gerebelter Thymian
1 TL frischer gerebelter Majoran
2 Knoblauchzehen, gepreßt
200 g schieres, rohes Kasseler
25 g Pistazien
25 g Pinienkerne
1 Bund Suppengrün
2 Lorbeerblätter für den Sud

Brotzeitpfanzerl

Die Zwiebel und die Knoblauchzehe abziehen und fein hacken. Petersilie waschen, trockenschleudern, die Blättchen abzupfen und ebenfalls sehr fein hacken. Alles in der zerlassenen Butter glasig dünsten.

Das Hackfleisch mit den gedünsteten Zutaten, den Eiern, den Semmelbröseln und allen Gewürzen vermischen und mit den Händen gründlich durchkneten. Die Fleischmasse 5 Minuten ruhen lassen und dann daraus mit nassen Händen 16 kleine Pfanzerl (Frikadellen) formen.

Das Fett in einer Pfanne erhitzen und die Pfanzerl bei mittlerer Hitze etwa 4 Minuten auf jeder Seite braten. Erst wenden, wenn eine Seite braun ist!

4 PORTIONEN
einfach, braucht Zeit, zum Einfrieren

1 Zwiebel
1 Knoblauchzehe
1 Bund glatte Petersilie
1 EL Butter
500 g gemischtes Hackfleisch
2 Eier
2 EL Semmelbrösel
1/2 EL Senf
1 EL Tomatenketchup
je 1 Messerspitze geriebene Zitronenschale, Chilipulver, getrockneter Thymian und Oregano
Salz
frisch gemahlener schwarzer Pfeffer
60 g Bratfett

Brotzeitradi

Die Radi waschen, gut bürsten, das Grün und die Seitenwurzeln abschneiden.

Jeden Radi mit einem scharfen Messer diagonal und möglichst eng zu 3/4 einschneiden, so daß der Radi unten noch zusammengehalten wird.

Umdrehen und die Prozedur genauso wiederholen.

Jetzt die einzelnen Lamellen vorsichtig von beiden Seiten salzen und etwas ziehen lassen. Der Radi verliert dabei Wasser und wird nicht nur milder, sondern auch weicher, so daß man ihn auseinanderziehen kann. Dadurch entsteht eine schöne Girlande.

Mit einem Spiralschneider geht es schneller, macht aber nicht soviel Spaß, und wer hat schon immer einen Spiralschneider zur Hand?

8 PORTIONEN
einfach, Blitzrezept

2 große bayerische Radi (Rettiche)
Salz

So kann eine zünftige Brotzeit aussehen, die sich natürlich auch noch erweitern oder variieren läßt. Auf den Tellern liegen schwarzer und weißer Preßsack mit Zwiebelringen, Brotzeitpfanzerl, Regensburger, harte Eier, Gewürzgurke, Tomate und Radieschen. Dazu gibt es Brezeln und Roggensemmeln. Auf dem Brett daneben warten ein Brotzeitradi und eine Regensburger Wurstkette. Zum Käseteller gehören Obatzter, Emmentaler und ein Rot- oder Gelbschmierkäse mit intensivem Duft, wie z.B. Romadur.

Bierbrot

Die beiden Mehlsorten, das Salz, die Hefe und den Sauerteigextrakt in einer Rührschüssel mischen. Das Bier und den Rübensirup dazugeben und alles mit dem Knethaken der Küchenmaschine etwa 5 Minuten verkneten, bis sich der Teig vom Schüsselrand löst.

Den Teig zu einer Kugel formen, in die Schüssel setzen und mit wenig Wasser bestreichen. Mit einer Plastiktüte umhüllt im etwa 35°C warmen Ofen 2 Stunden gehen lassen.

Inzwischen einen Brotkorb für 1 1/2 kg Brot reichlich mit Mehl ausstreuen.

Den Teig auf der bemehlten Arbeitsfläche kräftig durchkneten und zu einer Kugel formen. Der Schluß soll gut verklebt sein, eventuell mit etwas Wasser benetzen. Den Laib mit dem Schluß nach oben in den Brotkorb legen. Den Korb in eine Plastiktüte stecken und im etwa 35°C warmen Ofen gut 30 Minuten gehen lassen. Den Laib auf ein mit Backpapier belegtes Blech stürzen und die Tüte locker darüberstülpen. Gehen lassen, bis der Ofen auf 250°C aufgeheizt ist.

1/2 Liter kochendes Wasser in die mitaufgeheizte Saftpfanne gießen und das Brot sofort auf der 2. Schiene von unten 10 Minuten backen. Die Temperatur auf 200°C reduzieren und das Brot etwa 40 Minuten weiterbacken.

Auf einem Küchengitter auskühlen lassen.

Wenn kein Brotkorb zur Verfügung steht, kann auch eine Schüssel gut gemehlt werden und das Brot darin gehen. Das typische Muster auf der Oberfläche entsteht dann allerdings nicht.

1 LAIB

einfach, braucht Zeit, zum Einfrieren

500 g Roggenvollkornmehl
500 g Roggenmehl, Type 1150
4 TL Salz
2 Päckchen Trockenhefe, 20 g
2 Päckchen Sauerteigextrakt, 30 g Trockenprodukt aus dem Reformhaus
700 ml zimmerwarmes, dunkles Bier
50 g Zuckerrübensirup
Mehl zum Kneten und für den Korb

Kurioses aus Altbayern:
1620 berichtet der Dichter Thomas Greill, wie viele Wirtshäuser er in München gezählt hatte: 42 Weinhäuser, 14 Metschenken und 72 Bierbräuer, „die sieden gut bier". Außerdem gäbe es noch 62 Bäcker und 12 offene Bäder, „darin man sich kann putzen lan".

Mainzer Handkäs mit Musik

Die Zwiebeln abziehen und grob hacken.
Aus Weinessig, Salz, Pfeffer und Öl eine Marinade anrühren. Die Zwiebeln darin 10 Minuten ziehen lassen.

Den Käse in nicht zu dünne Scheiben schneiden und portionsweise auf Tellern anrichten. Mit dem Kümmel bestreuen und die Zwiebelmarinade darüber verteilen.

Dazu frisches Bauernbrot, Butter und Äppelwoi reichen.

4 PORTIONE
einfach, Blitzrezept

2 Zwiebeln
10 EL milder Weinessig
Salz
frisch gemahlener weißer Pfeffer
5 EL Öl
250 g Mainzer Käse
2 TL Kümmel

Obatzter

6 PORTIONEN
einfach, Blitzrezept

300 g Camembert
100 g weiche Butter
Salz
weißer Pfeffer
gemahlener Kümmel
milder Paprika
1 große Zwiebel
1 Schuß Bier

Der Obatzte, oder hochdeutsch der "angemachte" Käse ist eine würzige Käsemischung und eine wirklich bayerische Spezialität.

Der Camembert, der gut reif sein sollte, wird mit einer Gabel zusammen mit der Butter zerdrückt und mit den Gewürzen vermischt.

Die Zwiebel abziehen, in kleine Würfel schneiden und zusammen mit einem Schuß Bier ebenfalls in die Käsemasse einarbeiten.

Der Obatzte sollte eine cremig-feste Konsistenz haben.

Kleine, warme Gerichte mit und zum Bier

Sächsische Biersuppe

Die Sultaninen waschen und gut abtropfen lassen. In eine Schale geben, mit dem Rum beträufeln und 10 Minuten ziehen lassen.

In einem Topf die Milch zum Kochen bringen. Das Mehl mit der Sahne verquirlen und in die Suppe rühren. Unter Rühren 10 Minuten köcheln lassen.

Die beiden Biersorten in einem zweiten Topf einmal aufkochen.

Die Milchsuppe vom Herd nehmen und das Bier sowie das verquirlte Eigelb unterrühren. Mit Zucker und Salz abschmecken.

Biersuppe in tiefen Tellern anrichten und mit den rumgetränkten Rosinen bestreuen. Heiß servieren.

4 PORTIONEN
einfach, Blitzrezept

100 g Sultaninen
4 EL Rum
1/2 l Milch
2 EL Mehl
125 g Schlagsahne
1/4 l helles Bier
1/4 l Malzbier
1 TL Zucker
1 Prise Salz
2 Eigelb

Zur Biersuppe paßt trockenes Gebäck.

Abgeschmälzte Brotsuppe

Die Zwiebeln abziehen und in Ringe schneiden.
2 Eßlöffel Schmalz in einer großen Pfanne erhitzen und die Zwiebeln darin leicht anbräunen.

Zwiebelringe herausheben. Das restliche Schmalz in die Pfanne geben und die Brotscheiben auf beiden Seiten goldbraun anrösten.

Das geröstete Brot grob würfeln und mit den Zwiebelringen auf vier Suppenteller verteilen.

Die Fleischbrühe und das Bier erhitzen und mit Pfeffer abschmecken.

Schnittlauch waschen, trockentupfen und in feine Röllchen schneiden.

Die heiße Brühe über das Brot gießen, den Schnittlauch darauf verteilen.

4 PORTIONEN
einfach, Blitzrezept

2 kleine Zwiebeln
3 EL Butterschmalz
4 dünne Scheiben altbackenes Bauernbrot, à 50 g
3/4 l Fleischbrühe
300 ml helles Bier
frisch gemahlener schwarzer Pfeffer
1 Bund Schnittlauch

Berliner Weißbiersuppe mit Eischneeklößchen

PORTIONEN

einfach

1 l Weißbier
abgeriebene Schale von 1 unbehandelten Zitrone
1 Stange Zimt
3 EL Zucker
50 g Sultaninen
2 EL Sago
2 Eier

Das Weißbier mit der Zitronenschale, der Zimtstange, 1 Eßlöffel Zucker und den Sultaninen einmal aufkochen. Den Sago einstreuen und in ca. 20 Minuten glasig kochen.

Inzwischen die Eier trennen und das Eiweiß mit dem restlichen Zucker sehr steif schlagen.

1 Liter Wasser in einem weiten Topf zum Kochen bringen. Das Eiweiß mit einem Teelöffel portionsweise abstechen und ins Wasser gleiten lassen. Nach 5 Minuten herausheben und abtropfen lassen.

Die Suppe vom Herd nehmen und die Zimtstange entfernen. Das Eigelb mit etwas Wasser verquirlen und unter die Suppe rühren. Vor dem Servieren die Eiweißklößchen auf der Suppe verteilen.

Büsumer Krabbenrührei

Die Krabben mit Zitronensaft beträufeln, salzen und pfeffern. Eier und Sahne oder Milch kräftig verquirlen, salzen und pfeffern. Butter in einer Pfanne aufschäumen, die Eier hineingießen und bei mittlerer Hitze stocken lassen, bis die Masse am Rand gerade fest wird.

Mit einem Holzspachtel nach innen schieben, nur leicht verrühren. Die Krabben einstreuen, untermischen und das Rührei fertig stocken lassen.

Auf gebutterte Brotscheiben verteilen, sofort servieren.

4 PORTIONEN
einfach, Blitzrezept

200 g geschälte Nordseekrabben (Garnelen)
2 EL Zitronensaft
Salz
frisch gemahlener weißer Pfeffer
8 Eier
8 EL Schlagsahne oder Milch
3 EL Butter
4 Scheiben gebuttertes Graubrot oder Schwarzbrot

Junge Matjesheringe mit Bohnen und Speck

Die Bohnen putzen, brechen und in wenig Wasser mit Salz und dem Bohnenkraut in 10-12 Minuten garen.

Den Speck in kleine Würfel schneiden. Die Zwiebeln abziehen und eine fein hacken. Den Speck bei kleiner Hitze ausbraten, die Zwiebel zugeben und goldgelb braten.

Die Bohnen mit der Butter verfeinern und mit der gehackten Petersilie bestreuen.

Die Matjesfilets waschen, trockentupfen und auf gestoßenem Eis auf einer Platte anrichten.

Die zweite Zwiebel in Ringe schneiden und auf die Filets verteilen.

4 PORTIONEN
einfach, Blitzrezept

750 g grüne Bohnen
Salz
2 Stengel Bohnenkraut
150 g durchwachsener Speck
2 Zwiebeln
1 EL Butter
1 Bund Petersilie
8 Matjesfilets

Dazu schmecken neue Kartoffeln, als Salz- oder Pellkartoffeln gekocht.

Eine gute Nahrung: abends Bier und morgens Harung.

Neue Kartoffeln mit Kräuterquark

Die Kartoffeln waschen und sauber bürsten. In einem Topf mit Salzwasser gar kochen. Nach 20 Minuten eine Garprobe machen.

Die Zwiebel abziehen und sehr klein würfeln.

In einer Schüssel den Magerquark, die saure Sahne und die Zwiebelwürfel vermischen.

Den Schnittlauch waschen und in kleine Röllchen schneiden. Die Petersilie waschen, von den Stielen zupfen und fein hacken. Beide Kräuter unter den Quark rühren. Mit Kräutersalz und Pfeffer abschmecken.

Die Gartenkresse waschen, von den Samen schneiden und darüber verteilen.

4 PORTIONE

einfach

1 kg möglichst gleich große neue Kartoffeln
1/2 TL Salz
1 mittelgroße Zwiebel
500 g Magerquark
125 g saure Sahne
1 Bund Schnittlauch
1 kleines Bund glatte Petersili
1 Prise Kräutersalz
frisch gemahlener weißer Pfeffer
1 Kästchen Gartenkresse

Sülze mit Bratkartoffeln

PORTIONEN
einfach

.2 kg vorwiegend festkochende Kartoffeln
2 EL Butterschmalz
Salz
frisch gemahlener weißer Pfeffer
1 Prise mildes Paprikapulver
4 Scheiben Schweinefleischsülze
8 EL Remouladensauce

Die Kartoffeln schälen, waschen und in Würfel schneiden. In einer weiten, schweren Pfanne einen Eßlöffel Butterschmalz erhitzen und die Kartoffelwürfel darin rundherum scharf anbraten. Auf mittlere Hitze stellen, das restliche Butterschmalz zugeben, leicht salzen und pfeffern und die Kartoffeln fertig braten. Zuletzt mit dem Paprikapulver würzen.

Pro Portion eine Scheibe Sülze mit der Remouladensauce anrichten und die gebratenen Kartoffelwürfel dazu servieren.

Variation:
Die Kartoffeln statt mit Paprika mit etwas Kümmel würzen. Die Sülze kann mit wenig Essig und hauchdünnen Zwiebelringen sauer angerichtet werden.

Schinkennudeln

Die Nudeln in Salzwasser ca. 8 Minuten bißfest kochen. In ein Sieb abschütten, unter kaltem Wasser kurz abschrecken und abtropfen lassen.

Inzwischen die Zwiebel abziehen und feinhacken. Den Schinken in schmale Streifen schneiden.

In einer großen beschichteten Pfanne die Butter zerlassen und die Zwiebel darin glasig dünsten. Schinken und Nudeln untermischen und kurz anbraten.

Die Eier mit 1 Prise Salz, Pfeffer und Muskatnuß verquirlen und über die Schinkennudeln gießen. Das Ei bei mittlerer Hitze stocken lassen, dabei gelegentlich umrühren.

Den Schnittlauch waschen, trockentupfen und in Röllchen schneiden. Vor dem Servieren über die Schinkennudeln streuen.

Eine große Schüssel Kopfsalat mit Kräuterdressing dazu reichen.

4 PORTIONEN
einfach, Blitzrezept

350 g Nudeln, z.B. Spiralen
Salz
1 große Zwiebel
250 g gekochter Schinken
2 EL Butter
3 Eier
frisch gemahlener schwarzer Pfeffer
1 Messerspitze gemahlene Muskatnuß
1 Bund Schnittlauch

Knusprige Schinkenscheiben

Das Ei mit Bier, Salz, Mehl und Petersilie gut verquirlen und 15 Minuten quellen lassen.

Die Schinkenscheiben im Teig wenden und im heißen Fett ausbacken. Nur so viele Scheiben auf einmal backen, wie bequem nebeneinander Platz haben. Auf Küchenkrepp etwas ablaufen lassen. Heiß servieren.

Dazu Kartoffelpüree oder Kartoffelsalat und gemischten Salat reichen.

4 PORTIONEN
einfach, Blitzrezept

1 Ei
1/8 l Bier
Salz
50 g Mehl
1 EL feingehackte Petersilie
8 schnitzeldicke Scheiben gekochter Vorderschinken, je 125 g
1/2 l Öl

Stolzer Heinrich

Die Rostbratwürste in einer hohen Pfanne im Öl auf jeder Seite ca. 3 Minuten braten, dann aus der Pfanne nehmen und warm stellen.

Das Öl abgießen und die Butter in der Pfanne zerlassen. Das Mehl zufügen und unter Rühren goldgelb anschwitzen. Mit dem Bier und der Fleischbrühe ablöschen, den Essig angießen und das Lorbeerblatt zugeben. Bei kleiner Hitze etwa 10 Minuten köcheln.

Die Sauce mit Salz, Zucker, Pfeffer, Zitronenschale und -saft süßsauer abschmecken. Die Speisestärke mit wenig Wasser verquirlen und in die kochende Sauce rühren. Die Kapern untermischen und die Bratwürste wieder in die Sauce legen. Bei kleiner Hitze einige Minuten ziehen lassen.

Den Majoran waschen und trockenschütteln. Die Blättchen von den Stengeln streifen und hacken.

Jeweils 2 Bratwürste portionsweise auf der Sauce anrichten und mit Majoran bestreuen.

Als Beilage Stampfkartoffeln oder Kartoffelpüree servieren.

4 Portionen
einfach, Blitzrezept

8 Thüringer Rostbratwürste à 120 g
2 EL Öl
2 EL Butter
1 gehäufter EL Mehl
1/4 l helles Bier
1/4 l Fleischbrühe
1 EL Rotweinessig
1 Lorbeerblatt
Salz
1 Prise Zucker
frisch gemahlener schwarzer Pfeffer
Schale und Saft von 1 unbehandelten Zitrone
1 TL Speisestärke
1 EL Kapern
1/2 Bund frischer Majoran

Bratwürstchen im Brotteig

Die Brotmischung nach Packungsanleitung herstellen. Die Knoblauchzehen und die Zwiebel halbieren und in Scheiben schneiden.

Den Frühstücksspeck fein würfeln, und in einer trockenen Pfanne auslassen. Knoblauch und Zwiebel zufügen und anrösten.

Von den Bratwürsten die Haut abziehen.

Den Brotteig auf einer bemehlten Arbeitsfläche ausrollen und in 4 gleich große Quadrate schneiden. Auf jedes Teigstück 1/4 der Speck-Zwiebelmischung streichen und 1 Brat-

4 Portionen
einfach, braucht Zeit

1/2 Packung dunkle Brotmischung, 500 g (Fertigprodukt)
2 Knoblauchzehen
1 große Zwiebel
175 g Frühstücksspeck
4 große Bratwürste, je etwa 150 g
Mehl für die Arbeitsfläche

Im Bier steckt Wahrheit.
Verschaff Dir Klarheit,
führ das Glas zum Mund,
geh' der Sach
auf den Grund.

wurst darauf legen. Den Teig darüber zusammenrollen und an den Enden fest zusammendrücken.

Ein Blech mit Backpapier auslegen, die Würste darauf setzen und im vorgeheizten Backofen bei 200°C etwa 30 Minuten backen. Sehr heiß servieren.

Grünkohl mit Pinkel

PORTIONEN

einfach, braucht Zeit

2 kg Grünkohl
Salz
400 g magerer, geräucherter Speck am Stück
2 Zwiebeln
3 EL Schmalz
frisch gemahlener schwarzer Pfeffer
1 Prise Zucker
Muskatnuß
1 EL gekörnte Brühe
4 Pinkelwürste (Grützwürste)

Den Grünkohl von den dickeren Rippen befreien, gründlich waschen und abtropfen lassen.

In einem großen Topf 400 ml Wasser mit 1 Teelöffel Salz zum Kochen bringen. Grünkohl zufügen und zugedeckt bei mittlerer Hitze 10 Minuten garen. Anschließend in ein Sieb abschütten und dabei das Kochwasser auffangen. Grünkohl etwas auskühlen lassen und grob hacken.

Den mageren Speck in ca. 1/2 cm dicke Scheiben schneiden. Die Zwiebeln abziehen und hacken.

In einem Schmortopf das Schmalz erhitzen. Speckscheiben und Zwiebeln darin etwa 4 Minuten glasig dünsten.

Den gehackten Grünkohl zufügen und kurz anschmoren. Das Kochwasser angießen. Mit Salz, Pfeffer, Zucker, geriebener Muskatnuß und gekörnter Brühe würzen. Zugedeckt bei kleiner Hitze 1 Stunde köcheln lassen, dabei gelegentlich umrühren.

Die Pinkelwürste mit der Gabel anstechen und zum Grünkohl geben. 15 bis 20 Minuten darin erwärmen.

Mit Salzkartoffeln servieren.

Badische Spargelpfanne mit Bierschaum

Die Kartoffeln und den Spargel schälen. Die Kartoffeln je nach Größe halbieren oder ganz lassen und in dünne Scheiben schneiden. Die Spargelstangen diagonal in Scheiben von etwa 5 mm schneiden.

1 Eßlöffel Butterschmalz in einer weiten Pfanne zerlassen und die Kartoffelscheiben unter Wenden rundherum anbraten. Wenn sie halbgar sind, das restliche Butterschmalz zugeben und zerlassen, den Spargel untermischen und mit Salz, Zucker und Pfeffer würzen. Nach weiteren 2 bis 3 Minuten die Mandelblättchen einstreuen und den Pfanneninhalt mehrmals vorsichtig wenden, bis Kartoffeln und Spargel gar sind.

Für den Bierschaum den Schnittlauch waschen, trockentupfen und in feine Röllchen schneiden.

Das Eigelb mit Kalbsfond, Salz und Pfeffer in einer passenden Schüssel oder dem Wasserbadeinsatz zur einer glatten Creme aufschlagen. Wenig Wasser in einem Topf erhitzen und die Schüssel mit der Creme in den heißen Dampf hängen, sie darf das heiße Wasser nicht berühren!

Das Weißbier angießen und mit einem Schneebesen von Hand kräftig schlagen, bis die Masse schaumig in der Schüssel hochsteigt und eindickt. Zuletzt den gehackten Schnittlauch unterziehen.

4 PORTIONE

einfach, braucht Zeit

Spargelpfanne

600 g neue Kartoffeln
8 Stangen weißer Spargel
2 EL Butterschmalz
Salz
1 Prise Zucker
frisch gemahlener Pfeffer
50 g Mandelblättchen

Bierschaum

1 Bund Schnittlauch
4 Eigelb
100 ml Kalbsfond (aus dem Glas)
Salz
frisch gemahlener Pfeffer
100 ml Weißbier

Die Spargelpfanne mit gekochtem Wacholderschinken servieren und der Bierschaum in einer vorgewärmten Sauciere getrenn dazu reichen.

Bauerngröstl

PORTIONEN 4

einfach, braucht Zeit

750 g Kartoffeln
Salz
150 g TK-Brechbohnen
1 große Zwiebel
150 g Frühstücksspeck am Stück
150 g gekochter Schinken am Stück
1 EL Öl
1 EL Butter
4 Eier
100 g Schlagsahne
frisch gemahlener Pfeffer

Die Kartoffeln waschen. Mit 1 Teelöffel Salz in der Schale etwa 25 Minuten kochen. Die Kartoffeln abgießen, kurz unter kaltem Wasser abschrecken, pellen und in Würfel schneiden.

Die Bohnen in wenig Salzwasser 5 Minuten blanchieren. Anschließend abschütten und gut abtropfen lassen.

Die Zwiebel abziehen und hacken. Den Frühstücksspeck und den Schinken in kleine Würfel schneiden.

Öl und Butter in einer tiefen beschichteten Pfanne erhitzen. Die Speckwürfel darin auslassen. Die Kartoffelwürfel zugeben und bei mittlerer Hitze goldbraun anrösten. Bohnen und Schinkenwürfel untermischen.

Die Eier mit der Schlagsahne verquirlen und mit Salz und Pfeffer würzen. Über die Kartoffeln und Bohnen gießen und bei kleiner Hitze stocken lassen, dabei einmal vorsichtig umrühren.

Mit gemischtem Salat servieren.

Bayerische Schwammerlgemüse mit Semmelknödel

Die Brötchen in dünne Scheiben schneiden, in eine Schüssel geben und mit der heißen Milch übergießen. Einen Teller daraufdrücken und 15 Minuten weichen lassen.

Die Petersilie waschen, trockenschütteln und fein hacken.

Die Zwiebel abziehen und ebenfalls fein hacken.

Das Öl in einer Pfanne erhitzen, Zwiebeln darin glasig andünsten, Petersilie unterrühren und kurz mitdünsten. Vom Herd nehmen und abkühlen lassen.

Eier, Salz, Pfeffer, Muskatnuß, Majoran und die Zwiebelmischung zum eingeweichten Brot geben und alles gut verkneten. 10 Minuten durchziehen lassen.

In einem großen Topf Salzwasser zum Kochen bringen.

Mit nassen Händen gleich große, runde Knödel aus dem Teig formen und ins kochende Wasser gleiten lassen. Die Hitze reduzieren und die Knödel ca. 20 Minuten garziehen lassen, sie dürfen nicht sprudelnd kochen.

Inzwischen die Pilze putzen, nur falls nötig, unter fließendem Wasser gründlich abspülen und gut abtropfen lassen. Größere Pilze halbieren oder vierteln.

Die Zwiebel abziehen und fein hacken. Den Frühstücksspeck in schmale Streifen schneiden. Die Butter in einer Kasserolle zerlassen, Zwiebeln und Speck darin andünsten. Die Petersilie waschen, trockenschütteln und fein hacken.

Die Pilze in die Kasserolle geben und 10 Minuten braten, dabei gelegentlich vorsichtig umrühren. Petersilie zufügen und kurz mitdünsten. Weißwein und Fleischbrühe angießen.

Die Speisestärke mit der Sahne verquirlen und unter die Sauce rühren. Einige Minuten köcheln lassen, dann mit Salz und weißem Pfeffer abschmecken.

Die fertigen Knödel mit dem Schaumlöffel aus dem Topf heben und gut abtropfen lassen.

Schwammerlgemüse und Knödel in Suppentellern servieren.

4 PORTIONE[N]

einfach

Knödel

6 altbackene Brötchen
1/4 l heiße Milch
1 Bund Petersilie
1 kleine Zwiebel
1 EL Öl
3 Eier
Salz
frisch gemahlener schwarzer Pfeffer
1 Messerspitze geriebene Muskatnuß
1 TL getrockneter Majoran

Schwammerlgemüse

500 g frische Pilze, z.B. Pfifferlinge und Maronen
1 große Zwiebel
50 g Frühstücksspeck
1 EL Butter
1 Bund glatte Petersilie
1/8 l Weißwein
1/8 l Fleischbrühe
1 EL Speisestärke
250 g Schlagsahne
Salz
frisch gemahlener weißer Pfeffer

Bierpfannkuchen

Das Mehl und das Backpulver in eine Schüssel sieben. Die Eier mit der Milch verquirlen und mit dem Bier nach und nach unter das Mehl rühren. Kräftig mit dem Schneebesen oder dem Quirl vom Handrührgerät zu einem dünnen, glatten Teig schlagen. Mit wenig Salz, Zucker und Muskatnuß würzen und mindestens 30 Minuten quellen lassen.

In einer schweren Eisenpfanne etwas Butterschmalz erhitzen. Den Pfannkuchenteig noch einmal gründlich durchrühren und 1 Schöpfkelle Teig in die Pfanne geben. Die Pfanne so schwenken, daß sich der Teig gleichmäßig auf dem Pfannenboden verteilt. Den Pfannkuchen auf beiden Seiten goldbraun braten. Fertige Pfannkuchen warm stellen, bis alle gebacken sind.

4 PORTIONEN
einfach

300 g Mehl
1/2 TL Backpulver
4 Eier
1/4 l Milch
1/4 l helles Bier
Salz
1 Prise Zucker
1 Messerspitze geriebene Muskatnuß
Butterschmalz zum Braten

Bier-Chaudeau

Das Eigelb mit dem Zucker und dem Weißwein in einer passenden Schüssel oder dem Wasserbadeinsatz zu einer glatten Creme aufschlagen. Den Zimt und die Zitronenschale unterrühren.

Wenig Wasser in einem Topf erhitzen. Die Schüssel mit der Creme in den heißen Dampf hängen. Die Schüssel darf das heiße Wasser nicht berühren. Das Bier angießen und kräftig von Hand mit dem Schneebesen schlagen, bis die Masse schaumig in der Schüssel hochsteigt. Dann weiter schlagen, bis der Chaudeau fast steif ist. Vom Herd nehmen und weiter schlagen, bis er nur noch lauwarm ist.

In Dessertschalen füllen und sofort servieren.

Zum Chaudeau Mandelmakrönchen oder Löffelbiskuits reichen.

4 PORTIONEN
einfach, Blitzrezept

4 Eigelb
2 EL Zucker
100 ml Weißwein
1/2 TL Zimt
abgeriebene Schale von 1/2 unbehandelten Zitrone
1/4 l helles Bier

Apfelküchерl

PORTIONEN

Apfelringe 2 Stunden marinieren

einfach, braucht Zeit

4 Äpfel
4 EL Zucker
50 ml Rum
200 g Mehl
3 Eier
200 ml Milch
Salz
750 g Pflanzenfett zum Fritieren
1 TL Zimt

Die Äpfel schälen und das Kerngehäuse weit ausstechen. Die Äpfel in ca. 1 cm dicke Ringe schneiden, mit 2 Eßlöffel Zucker bestreuen und mit dem Rum beträufeln. Zugedeckt etwa 2 Stunden ziehen lassen.

Das Mehl in eine Schüssel sieben und in die Mitte eine Mulde drücken. 2 Eier, die Milch und 1 Prise Salz hineingeben und alles mit dem Handrührgerät zu einem dickflüssigen Teig verrühren.

Das Pflanzenfett in der Friteuse auf 175°C erhitzen.

Das restliche Ei trennen, das Eiweiß zu steifem Schnee schlagen und unter den Teig ziehen.

Die Apfelringe in den Teig tauchen und portionsweise im heißem Fett goldbraun fritieren. Fertige Apfelkücherl mit dem Schaumlöffel herausheben, kurz auf Küchenpapier abtropfen lassen und warm halten, bis alle Apfelkücherl fritiert sind.

Den restlichen Zucker mit dem Zimt vermischen. Die Apfelkücherl damit bestreuen und heiß servieren.

Dazu paßt Vanillesauce oder Vanilleeis.

Bierige Hauptgerichte

Aal grün in Dillsauce

4 PORTIONEN

Aal vom Fischhändler ausnehmen und die Haut abziehen lassen

einfach

750 g frischer Aal
Salz
Saft von 1 Zitrone
1 Bund Suppengrün
100 ml milder Weißweinessig
5 weiße Pfefferkörner
1 Lorbeerblatt
40 g Butter
40 g Mehl
1/8 l Weißbier
frisch gemahlener weißer Pfeffer
1 Prise Zucker
2 Bund Dill
125 g Schlagsahne
1 Eigelb

Den Aal waschen, trockentupfen und in Portionsstücke schneiden. Mit Salz einreiben und mit dem Zitronensaft beträufeln. 10 Minuten ziehen lassen.

Das Suppengrün waschen.

In einem Topf 1 Liter Wasser mit dem Weinessig, Suppengrün, weißen Pfefferkörnern und Lorbeerblatt zum Kochen bringen. Die Temperatur herunterschalten. Den Aal in das simmernde Wasser legen und bei kleinster Hitze zugedeckt 20 Minuten ziehen lassen. Dann herausheben und abtropfen lassen. Den Fischsud abseihen.

In einer Kasserolle die Butter zerlassen. Das Mehl einrühren und goldgelb anschwitzen. 600 ml Fischsud unter Rühren angießen, Weißbier zufügen und 5 Minuten köcheln lassen. Mit Pfeffer, Zucker und Salz abschmecken.

Den Dill waschen, trockenschütteln und fein hacken. In die Sauce geben.

Die Schlagsahne mit dem Eigelb verquirlen und die Sauce damit binden, nicht mehr kochen. Aalstücke einlegen und in der Sauce noch einmal erwärmen. In einer vorgewärmten Schüssel anrichten.

Mit Salzkartoffeln servieren.

Fischgulasch

PORTIONEN
einfach

2 Zwiebeln
2 Staudensellerie
1 grüne Paprikaschote
1 rote Paprikaschote
1 gelbe Paprikaschote
2 EL Butter
1/4 l helles Bier
800 g Seelachsfilet
1/4 l Fischfond
Salz
frisch gemahlener Pfeffer
1 TL Paprikapulver edelsüß
1 Prise Zucker
1 Bund glatte Petersilie

Die Zwiebeln abziehen und fein hacken. Den Staudensellerie putzen, die Paprikaschoten vierteln und entkernen. Staudensellerie in dünne Scheiben, die Paprika in Streifen schneiden.

Die Butter in einem Topf zerlassen und die Zwiebeln darin glasig dünsten. Das Gemüse zufügen, mit dem Bier aufgießen und 10 Minuten garen.

Inzwischen das Fischfilet waschen und in nicht zu kleine Würfel schneiden. Den Fisch auf das Gemüse legen und den Fischfond angießen. Mit Salz, Pfeffer, Paprikapulver und Zucker würzen und zugedeckt bei kleiner Hitze 10-15 Minuten gar ziehen lassen.

Die Petersilie waschen, trockenschütteln und fein hacken. Vor dem Servieren über das Fischgulasch streuen.

Mit körnigem Reis servieren.

Brathering Windsor

Die Heringe unter fließendem, kalten Wasser waschen und trockentupfen. Mit dem Saft von 1 Zitrone beträufeln, salzen und etwas ziehen lassen.

Die Heringe auseinanderklappen und die Innenseiten mit Senf bestreichen. Die Fische wieder zusammenklappen und fest mit den Speckscheiben umwickeln.

Das Öl in einer weiten Pfanne erhitzen und die Fische auf jeder Seite etwa 4 Minuten knusprig braten.

Die Petersilie waschen und trockenschleudern. Die zweite Zitrone in Scheiben schneiden.

Die fertigen Bratheringe auf einer vorgewärmten Platte mit der Petersilie und den Zitronenscheiben anrichten.

Dazu schmeckt Kartoffelsalat.

4 PORTIONE

Heringe vom Fischhändler küchenfertig vorbereiten und entgräten lassen.

einfach, Blitzrezept

8 grüne Heringe
2 Zitronen
Salz
4 EL Senf
200 g Frühstücksspeck in dünnen Scheiben
1/8 l Öl
1/2 Bund krause Petersilie

Belgische Matelote

Den Fisch waschen und trockentupfen. Den Heilbutt entgräten und enthäuten. Den Aal in 8 Stücke schneiden. Die anderen Fische in nicht zu kleine Würfel schneiden. Alle mit dem Zitronensaft beträufeln und leicht mit Salz und Pfeffer würzen. Etwas ziehen lassen.

Die Zwiebel abziehen und fein hacken. Möhre, Petersilienwurzel und Sellerie putzen und in Würfel schneiden. Den Lauch gründlich waschen und in Ringe schneiden.

Die Butter in einem hohen Topf zerlassen und die Zwiebel darin glasig dünsten. Das Gemüse zufügen, mit der Brühe aufgießen und 10 Minuten köcheln lassen.

Inzwischen die Champignons putzen und in dünne Scheiben schneiden. Unter das Gemüse mischen, mit dem Bier übergießen und zum Kochen bringen. Die Fischwürfel einlegen und zugedeckt bei kleiner Hitze ca. 10 Minuten garziehen lassen. Die Dillspitzen fein hacken. Vor dem Servieren mit Salz und Pfeffer abschmecken und mit dem Dill bestreuen.

4 PORTIONE

einfach

200 g Rotbarschfilet
200 g Kabeljaufilet
200 g Heilbutt
200 g frischer Aal, abgezogen
Saft von 1 Zitrone
Salz
frisch gemahlener weißer Pfeffer
1 große Zwiebel
1 Möhre
1 Petersilienwurzel
1 Stück Sellerieknolle
1 Stange Lauch
2 EL Butter
1/4 l Gemüsebrühe
125 g frische Champignons
1/2 l helles Bier
1/2 Bund Dill

Berliner Bierkarpfen

Den Karpfen waschen, in Portionsstücke zerteilen, salzen, pfeffern und mit dem Essig übergießen. 15 Minuten ziehen lassen.

Die Karpfenstücke trockentupfen, im Mehl wenden und das überschüssige Mehl abklopfen.

Die Hälfte der Butter in einer großen Kasserolle zerlassen und die Karpfenstücke darin beidseitig goldbraun anbraten. Dann die Stücke herausheben und zur Seite stellen.

Das Suppengrün waschen, die Zwiebeln abziehen. Beides grob hacken.

Die restliche Butter im Bratfond zerlassen und Zwiebeln sowie Suppengrün darin anrösten. Mit dem Bier ablöschen und 1/4 l Wasser zugießen. Das Lorbeerblatt, die Gewürznelke und den geriebenen Lebkuchen zufügen und 10 Minuten köcheln lassen.

Die Fischstücke in den Sud legen und bei kleiner Hitze zugedeckt knapp 15 Minuten gar ziehen lassen. Nach Ende der Garzeit den Fisch herausheben und warm stellen.

Den Fischsud durch ein Sieb passieren und noch einmal aufkochen. Mit Salz, Pfeffer, Zitronensaft und Zucker pikant abschmecken.

Die Karpfenstücke auf vorgewärmten Tellern anrichten,

4 PORTIONEN
einfach

1 küchenfertiger Karpfen, ca. 1 1/2 kg
Salz
frisch gemahlener schwarzer Pfeffer
1/8 l Weinessig
2 EL Mehl
100 g Butter
1 Bund Suppengrün
2 Zwiebeln
1/2 l dunkles Bier
1 Lorbeerblatt
1 Gewürznelke
100 g geriebener Lebkuchen
Saft von 1 Zitrone
1 Prise Zucker

Als Beilage Salzkartoffeln und grünen Salat reichen.

Gebratener Zander auf Straßburger Kraut

Die Zwiebel abziehen und fein hacken. Den geräucherten Schweinebauch in dünne Streifen schneiden. Das Butterschmalz in einem weiten Topf zerlassen. Die Zwiebel und den Schweinebauch darin andünsten und das aufgelockerte Sauerkraut zugeben. Mit dem Bier ablöschen, mit Pfeffer und Zucker würzen und die beiden Lorbeerblätter einlegen.

Die Kartoffel schälen und auf einer feinen Raspel direkt in das Kraut reiben, gut durchmischen, den Topf leicht zudecken und das Kraut bei schwacher Hitze solange schmoren lassen, bis der Zander fertig ist.

4 PORTIONEN
einfach

Straßburger Kraut
1 Zwiebel
100 g geräucherter Schweinebauch
2 EL Butterschmalz
1 kg Sauerkraut
1/2 l helles Bier
frisch gemahlener Pfeffer

1 Prise Zucker
2 Lorbeerblätter
1 mehlige Kartoffel

1 ganzer Zander, ca. 1 kg
Salz
frisch gemahlener Pfeffer
4 EL Butterschmalz
etwas Mehl

Den ausgenommenen Fisch gründlich waschen, mit Küchenpapier trockentupfen, salzen und pfeffern.

Die Fettpfanne des Backofens auf den Herd stellen und darin 4 Eßlöffel Butterschmalz zerlassen. Den Zander rundherum mit Mehl bestäuben und im heißen Butterschmalz 5 Minuten anbraten. Dann wenden und weitere 20 Minuten im vorgeheizten Backofen bei 200°C auf der mittleren Schiene braten.

Zum Servieren eine tiefe Platte mit dem abgetropften Kraut auslegen und den gebratenen Zander darauf anrichten.

Dazu Salzkartoffeln reichen.

Rotbarschfilet in Biergemüse

4 PORTIONEN
einfach

4 Rotbarschfilets à 200 g
Saft von 1 Zitrone
Salz
frisch gemahlener weißer Pfeffer
2 Stangen Lauch
2 Möhren
2 Gemüsezwiebeln
3 EL Butter
1/2 l helles Bier

Die Fischfilets waschen, trockentupfen, mit dem Zitronensaft beträufeln und mit Salz und Pfeffer würzen. 10 Minuten ziehen lassen.

Inzwischen den Lauch gründlich waschen. Die Möhren schälen, die Zwiebeln abziehen. Lauch und Möhren in feine Juliennestreifen schneiden, die Zwiebeln in dünne Ringe hobeln. Die Butter in einer feuerfesten Form zerlassen. Die Zwiebeln darin glasig dünsten. Lauch und Möhren zufügen und 5 Minuten dünsten.

Die Fischfilets auf das Gemüse legen, mit dem Bier übergießen und die Form mit Alufolie abdecken. Im vorgeheizten Backofen bei 175°C ca. 15 Minuten dünsten. Die Fischfilets auf dem Gemüsebett portionsweise anrichten.

Dazu passen neue Kartoffeln und Tomatensalat.

Forelle nach Klosterart

4 PORTIONEN
einfach

4 Forellen, durch den Rücken ausgenommen
1 große Zwiebel
150 g Frühstücksspeck
1 Bund glatte Petersilie
150 g Champignons
5 EL Butter
Salz
frisch gemahlener weißer Pfeffer
32 lange Schnittlauchröhren
1/4 l helles Bier
1/4 l Fischfond
125 g Schlagsahne

Die Forellen unter fließendem Wasser innen und außen abspülen und abtropfen lassen.

Die Zwiebel abziehen und fein hacken. Den Speck in kleine Würfel schneiden.

Die Petersilie waschen und trockenschütteln. Die Champignons putzen. Beides fein hacken.

2 Eßlöffel Butter in einer Pfanne zerlassen. Die Zwiebel und den Speck darin anbraten. Champignons und die Hälfte der Petersilie untermischen und 10 Minuten unter Rühren dünsten. Vom Herd nehmen und mit Salz und Pfeffer abschmecken.

Die Forellen nicht zu prall mit der Champignonfarce füllen. Den Schnittlauch mit kochendem Wasser brühen. Je 2 Röhren um den Fisch legen und auf dem Rücken verknoten. Jede Forelle 4mal binden. Die Fische nebeneinander in eine feuerfeste Form setzen. Das Bier und den Fischfond angießen. 3 Eßlöffel Butter in Flöckchen auf die Fische setzen. Im vor-

Dazu schmecken Salzkartoffeln in Butter mit Kerbel geschwenkt.

geheizten Backofen bei 175°C 15-20 Minuten garen, gelegentlich mit der Brühe begießen.

Nach Ende der Garzeit die Forellen aus der Form heben und warm stellen. Den Fischfond durch ein Sieb in einen Topf gießen und etwas einkochen lassen. Die Sahne und die restliche Petersilie einrühren und die Sauce mit Salz und Pfeffer abschmecken. Getrennt zum Fisch servieren.

Gekochter Schellfisch mit Senfsauce

Möhren, Petersilienwurzeln, Sellerie und Zwiebel schälen und grob zerteilen. Die Zitrone samt der weißen Haut schälen und in Scheiben schneiden.

Das Weißbier mit 11/2 Liter Wasser in einen langen Fischtopf geben, das Gemüse, die Zitrone und die Gewürze zugeben. Den Sud im geschlossenen Topf 15 Minuten köcheln lassen.

Den Schellfisch waschen. Die Hitze unter dem Sud auf kleinste Stufe schalten und den Schellfisch einlegen. Den Fisch im halbgeschlossenen Topf etwa 20 Minuten ziehen lassen (Garprobe an der Rückenflosse).

4 PORTIONEN

einfach, Blitzrezept

Sud

2 Möhren
2 Petersilienwurzeln
1 Stück Knollensellerie
1 Zwiebel
1 Zitrone
1/2 l Weißbier
2 Lorbeerblätter
10 Pfefferkörner
4 Pimentkörner
Salz

1,2 kg Schellfisch am Stück, küchenfertig

Senfsauce

35 g Butter
40 g Mehl
1/4 l Fischfond
1/4 l Weißbier
3 EL scharfer Senf
2 Eigelb
Salz
frisch gemahlener weißer Pfeffer
1 Prise Zucker
1 EL Weinessig
1-2 EL Zitronensaft
1 Bund Dill

Als Beilage passen Salzkartoffeln.

Für die Senfsauce die Butter in einem Topf bei schwacher Hitze zerlassen und das Mehl goldgelb anschwitzen.Mit heißem Fischfond ablöschen, das Bier zugießen, die Sauce glattrühren und 20 Minuten köcheln lassen.

Inzwischen den Senf mit Eigelb, Salz, Pfeffer, Zucker, Essig und 1 Eßlöffel Zitronensaft verquirlen.

Den Dill waschen, trockenschütteln und die Blätter fein hacken.

Die Senfmischung in die heiße Sauce rühren, nicht mehr kochen, abschmecken und eventuell noch etwas Zitronensaft zugeben. Den Dill unterziehen.

Den Schellfisch im ganzen anrichten, mit Zitrone garnieren und die Senfsauce getrennt dazu reichen.

Kabeljau auf flämische Art

4 PORTIONEN

einfach

4 Scheiben Kabeljau à 200 g
Saft von 1 Zitrone
Salz
frisch gemahlener weißer Pfeffer
2 Zwiebeln
100 g Butter
200 ml helles Bier
3 Cornichons
Fett für die Form
2 Eigelb
200 g Schlagsahne
2 EL Semmelbrösel

Mit Kartoffelpüree und Blattsalaten servieren.

Den Kabeljau waschen, trockentupfen, mit dem Zitronensaft beträufeln und mit Salz und Pfeffer würzen. Etwas ziehen lassen.

Inzwischen die Zwiebeln abziehen und in feine Scheiben hobeln.

Die Hälfte der Butter in einer Pfanne zerlassen und die Zwiebeln darin glasig dünsten. Das Bier angießen und die Zwiebeln 10 Minuten köcheln lassen.

Die Cornichons in kleine Würfel schneiden und unter die Zwiebeln mischen.

Eine feuerfeste Form ausfetten und die Kabeljauscheiben hineinlegen. Die Zwiebelmischung darauf verteilen.

Das Eigelb mit der Sahne verquirlen, über die Fischscheiben gießen. Mit den Semmelbröseln bestreuen und die restliche Butter in Flöckchen darauf setzen. Im vorgeheizten Backofen bei 175°C ca. 15 Minuten backen.

Den Kabeljau in der Form auftragen.

Gefüllte Täubchen

4 PORTIONEN
einfach, braucht Zeit

1 altbackenes Brötchen
70 ml Milch
2 junge Tauben mit Innereien, je ca. 250 g
Salz
frisch gemahlener weißer Pfeffer
1 Zwiebel
1 Möhre
1 Petersilienwurzel
1/2 Bund glatte Petersilie
100 g Butter
1 Ei
300 g Champignons
1/8 l Brühe
1/8 l helles Bier
100 g Schlagsahne

Das Brötchen in der Milch einweichen.
Die Tauben ausnehmen, waschen, trockentupfen und mit Salz und Pfeffer außen und innen würzen. Die Innereien putzen und hacken.

Die Zwiebel abziehen und fein hacken. Die Möhre und die Petersilienwurzeln waschen, putzen und in winzige Würfel schneiden. Die Petersilie waschen, trockenschütteln und grob hacken.

Die Hälfte der Butter aufschäumen lassen, die Innereien, Zwiebel, Gemüse und die Petersilie hineingeben und einige Minuten andünsten.

Das Brötchen gut ausdrücken und in eine Schüssel geben. Mit der etwas abgekühlten Gemüsemischung und dem Ei zu einer festen Masse verkneten. Mit Salz und Pfeffer abschmekken und die Täubchen damit füllen. Die Vögel zubinden und in den gewässerten Tontopf geben.

Die Champignons putzen, abreiben und in Scheiben schneiden. Zu den Täubchen geben, mit der Brühe und dem Bier begießen und einige Butterflöckchen auf die Täubchen setzen.

Den Tontopf mit geschlossenem Deckel in den kalten Ofen stellen und ca. 90 Minuten bei 200°C garen. Das fertige Gericht ca. 10 Minuten im offenen Topf bräunen lassen.

Danach die Champignons und die Tauben warm halten. Den Saft abgießen und mit der Sahne zu einer gehaltvollen Sauce einkochen. Abschmecken und die Champignonscheiben wieder in die Sauce legen.

Dazu passen Bandnudeln und in Butter geschwenkte Möhren, Frühlingszwiebeln und Zucchini. Bei Tisch die Tauben halbieren.

Hühnerfrikassée mit Bier

Die Poularde innen und außen gründlich waschen und mit Küchenpapier trockentupfen. In Keulen, Flügelstücke und Brustfilets tranchieren und mit Salz und Pfeffer einreiben.

Die Zwiebeln abziehen, halbieren und in Scheiben schneiden. Die Möhren schälen und in kleine Würfel schneiden.

Das Butterschmalz in einem Schmortopf erhitzen und die Poulardenteile darin 10 Minuten goldbraun anbraten. Dann herausheben, das Fleisch von den Knochen lösen, würfeln und warm stellen.

Die Zwiebelscheiben und die Möhren im Bratfett glasig dünsten und die Erbsen zufügen. Das Bier und die Sahne angießen, mit Thymian und Paprika würzen und zum Kochen bringen. Nach 5 Minuten das Hühnerfleisch dazugeben und alles zugedeckt noch 10 Minuten schmoren.

Die Petersilie waschen, trockenschütteln und fein hacken. Das Frikassée vom Herd nehmen, mit dem verquirlten Eigelb binden, mit Salz, Pfeffer und Zucker abschmecken und die Petersilie unterrühren.

4 PORTIONE

einfach

1 Poularde, ca. 1,4 kg
Salz
frisch gemahlener Pfeffer
2 Gemüsezwiebeln
250 g Möhren
2 EL Butterschmalz
250 g TK Erbsen, sehr fein
1/2 l helles Bier
300 g Schlagsahne
1 TL Thymian
1/2 TL Paprikapulver edelsüß
1/2 Bund glatte Petersilie
3 Eigelb
1 Prise Zucker

Mit in der Schale gebratenen neuen Kartoffeln mit Kümmel servieren.

Hähnchen mit Biersauce

PORTIONEN

einfach, braucht Zeit

1 frisches Brathähnchen, ca. 1 kg
Salz
Pfeffer
1 Bund glatte Petersilie
1 Gemüsezwiebel
1 Bund Suppengrün
100 g geräucherter Schweinebauch
20 g Butterschmalz
1/2 l helles Bier
40 g eiskalte Butter

Dazu passen Petersilienkartoffeln und grüner Salat.

Das Brathähnchen gründlich waschen, trockentupfen und innen und außen mit Salz und Pfeffer einreiben. Die Petersilie waschen und trockenschütteln. Die Häfte der Petersilie in die Bauchhöhle des Hähnchens stecken.

Die Zwiebel abziehen und grob hacken. Das Suppengrün waschen, trockenschütteln und ebenfalls grob hacken. Den Schweinebauch in kleine Würfel schneiden.

Das Butterschmalz in einem Schmortopf erhitzen und das Hähnchen darin rundherum knusprig anbraten. Aus dem Schmortopf heben und Zwiebel, Suppengrün und Schweinebauch im Bratfond anrösten. Das Bier angießen und das Hähnchen wieder einlegen. Zugedeckt bei mittlerer Hitze ca. 40 Minuten garen. Den Topf öffnen und noch 10 Minuten Farbe geben. Das fertige Hähnchen aus der Schmorflüssigkeit heben und in 4 Stücke zerteilen.

Die Schmorflüssigkeit durch ein Sieb passieren und mit Salz und Pfeffer abschmecken. Die eiskalte Butter in kleinen Stückchen mit einem Schneebesen unterschlagen Die restliche Petersilie fein hacken und in die Sauce rühren.

Gebratene Gans mit feiner Sauce

Die Gans unter kaltem Wasser innen und außen abspülen. Mit Küchenpapier abtrocknen. Den Magen und die Gurgel ebenfalls säubern. Die Flügel bis auf den letzten Knochen abtrennen, überflüssige Fett- und Hautteile abtrennen.

Den Backofen auf 250°C vorheizen.

Die Gans an den Seiten und am Schenkel etwas einstechen, damit das Fett besser austreten kann. Innen und außen mit Salz und Pfeffer würzen. Den Beifuß nur innen verteilen, da er auf der Oberfläche verbrennen würde.

1 Liter Wasser zum Kochen bringen und in die Fettpfanne gießen. Die Gans mit der Brust nach unten hineinlegen, mit etwas Wasser besprengen.

Ca. 70 Minuten braten und immer wieder begießen.

Inzwischen aus den Knochen und Parüren eine Sauce kochen. Dazu die Flügelknochen und die Gurgel etwas hacken.

In einem ausreichend großen Topf das Öl erhitzen und die Teile darin scharf anbraten.

Mit dem Mehl bestäuben, dunkel rösten und mit 1/4 Liter Bier ablöschen. 3/4 Liter Wasser dazugießen und köcheln lassen, bis die Gans fertig ist. Eventuell Wasser nachgießen.

Die Zwiebel abziehen und das Lorbeerblatt mit der Nelke auf die Zwiebel stecken. Zur Saucenflüssigkeit geben.

Ist die erste Bratzeit vorbei, die Gans wenden und weitere 80 Minuten bei 175°C unter ständigem Begießen fertig braten. 15 Minuten vor Ende der Bratzeit die Gans mit dem restlichen Bier begießen. Wenn die Bratzeit beendet ist, die Gans aus der Bratpfanne nehmen und auf dem Rost im abgeschalteten Backofen ruhen lassen.

Den Bratensatz losschaben und mit der Bratflüssigkeit in eine hohe Kasserolle passieren, etwas stehen lassen. Sehr gründlich das gesamte Fett abschöpfen.

Den Fond aus den Parüren durch ein Sieb hinzugießen. Aufkochen und mit Salz und Pfeffer würzen. Die Sauce bis zur richtigen Konsistenz einkochen und getrennt zur Gans servieren.

6 PORTIONE

einfach, braucht Zeit

1 bratfertige Gans
(4 kg mit Magen und Gurgel)
Salz
frisch gemahlener
weißer Pfeffer
1 EL gerebelter Beifuß
2 EL Öl
1/2 EL Mehl
1/2 l dunkles Bier
1 Zwiebel
1 Lorbeerblatt
1 Nelke

Kasseler im Blätterteig

Den Blätterteig auftauen lassen.
Die Champignons putzen und samt Stielen fein hacken. Den Lauch putzen, gründlich waschen und einschließlich des hellgrünen Teils in feinste Ringe schneiden. Den Lauch in der Hälfte der Butter glasig dünsten.

Die Champignons zugeben und unter Rühren braten. Dabei nach und nach nur so viel Butter zugeben, wie die Pilze aufnehmen. Mit Salz, Pfeffer und Muskatnuß würzen und weiter auf guter Hitze wenden, bis alle Flüssigkeit verdampft ist.

Die Petersilie waschen, trockenschütteln, fein hacken und mit dem Thymian einrühren. Die Masse sollte trocken sein.

Den Blätterteig zu zwei rechteckigen Platten ausrollen. Eine Kante befeuchten, die Kante der zweiten Platte darauflegen und die Teigstücke miteinander so groß ausrollen, daß sie locker um das Kasseler passen.

8 PORTIONEN
einfach, braucht Zeit

2 Päckchen Tiefkühlblätterteig im Block, à 300 g
500 g Champignons
1 große Stange Lauch
100 g Butter
Salz
Pfeffer
Muskatnuß
1 Bund glatte Petersilie
1 TL getrockneter Thymian
1,2 kg Kasseler ohne Knochen
2 Eigelb

Schinken im Brotteig

Die Schwarte vom Schinken schneiden.
Die Wacholderbeeren, Pfefferkörner und den Koriander in einem Mörser zerstoßen und den Schinken in den Gewürzen wenden.

Den Brotteig auf einer bemehlten Arbeitsfläche 2 bis 3 cm dick ausrollen. Den Schinken mit dem Teig umhüllen, die Nahtstellen mit Wasser befeuchten und verkleben.

Ein Backblech mit etwas Mehl bestäuben. Den Schinken mit der Teignaht nach unten auf das Blech setzen.

Im vorgeheizten Backofen bei 180°C auf der zweituntersten Schiene etwa 1 Stunde backen. 10 Minuten vor Ende der Backzeit den Teig mit kaltem Wasser bestreichen.

Den fertigen Schinken vom Blech heben und die Teighaube abtrennen. Den Schinken in Scheiben, die Teighaube in Streifen schneiden. Den Schinken und die Brotstreifen auf einer vorgewärmten Platte anrichten.

6 PORTIONEN
einfach, braucht Zeit

1 kg gekochter Schinken am Stück
1 TL Wacholderbeeren
1 TL schwarze Pfefferkörner
1 TL Koriander
750 g Brotteig
Mehl für die Arbeitsfläche

Osterschinken in Bier

PORTIONEN
einfach, braucht Zeit

250 g Zwiebeln
2 Knoblauchzehen
1 Bund Suppengrün
2 EL Schmalz
500 g gehackte Kalbs- oder Schweineknochen
1/2 l Kölsch
1/2 l Fleischbrühe
1 gekochter Nuß-Schinken, ca. 700 g
1 Lorbeerblatt
2 Gewürznelken
Salz
frisch gemahlener schwarzer Pfeffer
1 Messerspitze gemahlener Kümmel
1 Messerspitze gemahlener Piment
1 EL Speisestärke
150 g saure Sahne

Die Zwiebeln und den Knoblauch abziehen und hacken. Das Suppengrün waschen, trockenschütteln und ebenfalls hacken.

Das Schmalz in einem Schmortopf erhitzen. Die Knochen darin scharf anbraten. Die Zwiebeln, Knoblauch und das Suppengrün zufügen und kurz mitrösten. Mit dem Kölsch und der Fleischbrühe aufgießen, den Schinken einlegen und mit dem Lorbeerblatt und den Nelken würzen. Zugedeckt bei kleiner Hitze ca. 1 Stunde kochen.

Nach Ende der Garzeit den Schinken herausheben und warm stellen. Die Sauce durch ein Sieb passieren und etwas einkochen. Mit Salz, Pfeffer, Kümmel und Piment abschmecken.

Die Speisestärke mit wenig Wasser verquirlen und unter die Sauce rühren. Noch einmal aufkochen lassen. Vom Herd nehmen und die saure Sahne unterziehen.

Den Schinken in Scheiben schneiden und auf einer vorgewärmten Platte auf der Sauce anrichten.

Mit Kartoffelpüree und grünen Bohnen servieren.

Ochsenzunge in dunklem Bier

Die Ochsenzunge in kaltem Wasser 1-2 Stunden wässern. Das Suppengrün waschen. Die Zwiebel abziehen und mit dem Lorbeerblatt und den Nelken spicken.

Die Zunge in einem Suppentopf mit 1 1/2 l frischem Wasser, Suppengrün, gespickter Zwiebel, Pfefferkörnern und wenig Salz zum Kochen bringen. Die Brühe sorgfältig abschäumen. Die Zunge zugedeckt bei kleiner Hitze in knapp 2 Stunden weich garen, nach 1 1/2 Stunden zur ersten Garprobe anstechen.

Die weiche Zunge aus der Brühe heben und etwas abkühlen lassen. Die Brühe abseihen und 1/2 l Brühe abmessen.

Die Butter in einer Kasserolle schmelzen, den Zucker einrühren und in der Butter karamelisieren. Mit dem Bier und 1/2 l Brühe aufgießen, die Sultaninen zugeben und mit Muskatnuß, Zitronenschale und Salz würzen.

Die Haut von der Zunge sorgfältig abziehen und die Zunge in nicht zu dicke Scheiben schneiden. In der Sauce noch einmal erhitzen.

Die Zungenscheiben auf einer vorgewärmten Platte anrichten, mit der Sauce überziehen und mit den gehackten Mandeln bestreuen.

Dazu passen Kartoffelkroketten und feine grüne Erbsen.

6 PORTIONE

Zunge 1-2 Stunden wässern

einfach, braucht Zeit

1 gepökelte Ochsenzunge, ca. 1,2 kg
1 Bund Suppengrün
1 große Zwiebel
1 Lorbeerblatt
2 Gewürznelken
5 schwarze Pfefferkörner
Salz
60 g Butter
1 TL Zucker
1/4 l dunkles Bier
1 EL Sultaninen
1 Messerspitze geriebene Muskatnuß
abgeriebene Schale von 1/2 Zitrone
1 TL gehackte Mandeln

Saures Kalbsbeuscherl

PORTIONEN

Kalbslunge und Herz beim Metzger küchenfertig vorbestellen.

einfach, braucht Zeit, zum Einfrieren

1 Kalbslunge, ca. 500 g
1 Kalbsherz, ca. 400 g
1 große Zwiebel
3 Gewürznelken
1 Bund Suppengrün
1 Lorbeerblatt
5 schwarze Pfefferkörner
1/8 l Weinessig
Salz
1 EL Zucker
2 Schalotten
1 EL Butter
2 EL Mehl
1/4 l Fleischbrühe
1/4 l helles Bier
200 g Schlagsahne
1 TL Thymian
1 TL Majoran
frisch gemahlener Pfeffer

Die Lunge und das Herz 1 Stunde in kaltem Wasser wässern.

Die Zwiebel abziehen, über Kreuz einschneiden und mit den Nelken spicken. Das Suppengrün waschen und grob hacken.

Das Herz in einem großen Topf mit 2 Liter Wasser aufsetzen. Die gespickte Zwiebel, Suppengrün, Lorbeerblatt, Pfefferkörner, Essig, Salz und 1 Teelöffel Zucker zufügen und zum Kochen bringen. Bei kleiner Hitze 20 Minuten köcheln lassen, dann die Lunge dazugeben. Weitere 1 1/2 Stunden köcheln. Während des Kochens die Lunge mehrmals anstechen, dadurch wird sie fest und nicht schwammig.

Das Herz und die Lunge aus dem Sud heben, auskühlen lassen und in sehr feine Streifen schneiden.

Die Schalotten abziehen und fein hacken.

Die Butter erhitzen und die Schalotten glasig dünsten. Das Mehl einrühren und goldgelb anschwitzen. Die Fleischbrühe und das Bier unter Rühren angießen und 5 Minuten köcheln lassen. Dann die Schlagsahne dazugießen und die geschnittenen Innereien untermischen. Mit Thymian, Majoran, Pfeffer, Salz, Zucker und Essig abschmecken und weitere 10 Minuten bei kleiner Hitze ziehen lassen.

Zum Kalbsbeuscherl Semmelknödel reichen.

Je schlimmer das Weib,
desto schöner die Kneip.
Je schöner die Kneip,
desto schlimmer
fürs Weib.

Surbraten

Den Schweinenacken in eine Schüssel legen, mit kaltem Wasser bedecken und ca. 2 Stunden wässern. Dann den Nacken herausheben, trockentupfen und kräftig mit Salz und Pfeffer einreiben.

Die Zwiebel und den Knoblauch abziehen und hacken. Das Wurzelgemüse waschen, trockenschütteln und ebenfalls hacken. Den Speck in kleine Würfel schneiden.

Das Schweineschmalz in einem Schmortopf erhitzen und das Fleisch darin von allen Seiten scharf anbraten. Zwiebel, Knoblauch, Wurzelgemüse, Speck und Tomatenmark zufügen und kurz im Fett anrösten. Thymian, Majoran und das Lorbeerblatt zufügen und das Bier angießen. Zugedeckt bei mittlerer Hitze knapp 1 Stunde schmoren. Während der Garzeit den Schweinenacken mehrmals wenden.

Den fertigen Braten aus dem Topf heben und vor dem Anschneiden 5 Minuten ruhen lassen.

Inzwischen den Bratfond durch ein Sieb in einen Topf gießen und zum Kochen bringen. Die Speisestärke mit wenig Wasser verquirlen, unter die Sauce rühren und einmal aufkochen. Mit Salz und Pfeffer abschmecken.

Den Braten in gleichmäßige, nicht zu dünne Scheiben aufschneiden und auf einer vorgewärmten Platte anrichten. Die Sauce getrennt dazu reichen.

4 PORTIONEN

Fleisch 2 Stunden wässern

einfach, braucht Zeit

1 kg gepökelter Schweinenacken (beim Metzger vorbestellen)
Salz
frisch gemahlener schwarzer Pfeffer
1 große Zwiebel
2 Knoblauchzehen
250 g Wurzelgemüse (Sellerie, Möhren, Lauch)
100 g Frühstücksspeck
2 EL Schweineschmalz
1 EL Tomatenmark
2 Zweige Thymian
2 Zweige Majoran
1 Lorbeerblatt
1/2 l dunkles Bier
1 TL Speisestärke

Zum Surbraten schmecken Kartoffelknödel und Rosenkohl.

Gepökelte Schweinebacke auf Linsen mit Löwenzahnsalat

Die Schweinebacke in einem Topf mit Bier und Wasser bedecken und zum Kochen bringen. Den Schaum abschöpfen. Suppengrün waschen und putzen, mit den Wacholderbeeren, Pimentkörnern und Kümmel zum Fleisch geben. Bei schwacher Hitze etwa 1 Stunde zugedeckt köcheln lassen.

Die Linsen im Sieb mit kaltem Wasser abbrausen. In einem

PORTIONEN
einfach, braucht Zeit

1 gepökelte Schweinebacke, etwa 1 kg
1/2 l helles Bier
1 Bund Suppengrün
einige Wacholderbeeren und Pimentkörner
1/2 TL Kümmel
100 g kleine Berglinsen
00 g geräucherter Bauchspeck
1 Kräutersträußchen
Salz
100 g Löwenzahn
2 EL Rotweinessig
frisch gemahlener schwarzer Pfeffer
5 EL Öl
1 Schalotte
1 Knoblauchzehe
1 Handvoll Kerbel

Topf zusammen mit Bauchspeck und Kräutersträußchen zum Kochen bringen.

Bei milder Hitze die Linsen etwa 30 Minuten garkochen. Kurz vor Ende der Garzeit salzen.

Den Löwenzahn verlesen, waschen und trockenschütteln. Für die Marinade Rotweinessig, Salz und Pfeffer verrühren, Öl kräftig unterschlagen.

Die Schalotte abziehen, fein hacken und zur Marinade geben. Knoblauch abziehen und durch die Presse dazudrücken. Kerbel verlesen, waschen und die Hälfte unter die Marinade mischen.

Die Schweinebacke aus dem Topf heben, Schwarte und dicke Fettschicht enfernen, eine dünne Fettschicht darf stehenbleiben.

Den Löwenzahn durch die Marinade ziehen und mit den Linsen auf Tellern anrichten. Etwas Marinade über die Linsen träufeln. Das Fleisch in hauchdünne Scheiben schneiden, auf die Linsen legen und mit 1 Eßlöffel heißem Kochsud befeuchten. Das Gericht mit den restlichen Kerbelblättchen bestreuen.

Wichtig: Das Fleisch muß noch warm sein, die Linsen dagegen können schon abgekühlt sein.

Eisbein mit Sauerkraut und Erbspüree

Die Erbsen über Nacht in 1 1/2 Liter Wasser einweichen. Am nächsten Tag mit der Hälfte der Einweichflüssigkeit, der Fleischbrühe und dem Suppengrün zugedeckt bei kleiner Hitze etwa 1 1/2 Stunden köcheln lassen.

Die Eisbeine abspülen.

Die Zwiebeln abziehen und hacken.

In einem großen Topf 3 Liter Wasser zum Kochen bringen. Eisbeine einlegen. Zwiebeln, Lorbeerblätter, Pimentkörner, Pfefferkörner und etwas Salz zufügen. Im geschlossenen Topf etwa 1 1/2 Stunden köcheln.

Das Butterschmalz in einem Topf erhitzen. Das Sauerkraut hineingeben und 1/4 Liter der Eisbeinbrühe angießen. Das Kraut zugedeckt 40 Minuten bei kleiner Hitze garen.

Die Erbsen und das Suppengrün durch ein Sieb passieren und mit dem Handrührgerät zu einem lockeren Püree aufschlagen. Mit Salz und Pfeffer würzen.

Eisbeine aus der Brühe heben und abtropfen lassen. Das Sauerkraut auf eine vorgewärmte tiefe Platte geben und die Eisbeine darauf anrichten. Das Erbspüree getrennt dazu reichen.

4 PORTIONE

Erbsen über Nacht einweicher

einfach, braucht Zeit

500 g getrocknete gelbe Erbse
1/2 l Fleischbrühe
1 Bund Suppengrün
2 gepökelte Schinkeneisbeine à 1 kg
2 Zwiebeln
2 Lorbeerblätter
5 Pimentkörner
5 schwarze Pfefferkörner
Salz
1 EL Butterschmalz
500 g Sauerkraut
4 Wacholderbeeren
1 Prise Zucker
frisch gemahlener weißer Pfeffer

Schlachtplatte

Das Suppengrün und den Schweinebauch waschen. 1 Liter Wasser zum Kochen bringen. Suppengrün, Schweinebauch und 1 Teelöffel Salz hineingeben und etwa 1 Stunde bei kleiner Hitze köcheln lassen.

Die Zwiebeln abziehen und fein hacken. Den Apfel schälen, vierteln und das Kerngehäuse entfernen. Apfel in kleine Würfel schneiden.

Das Butterschmalz in einem Topf erhitzen und die Zwiebeln glasig dünsten. Die Apfelwürfel untermischen und einige Minuten anbraten. Das Sauerkraut, die Wacholderbeeren und das Lorbeerblatt zufügen und den Weißwein angießen. 30 Minuten bei mittlerer Hitze köcheln lassen.

4 PORTIONE

einfach, braucht Zeit

500 g magerer Schweinebauc
Salz
2 Zwiebeln
1 Apfel
1 EL Butterschmalz
1 große Dose Sauerkraut
1 TL Wacholderbeeren
1 Lorbeerblatt
1/8 l Weißwein
1 Prise Zucker
4 kleine, frische Blutwürste
4 kleine, frische Leberwürste

Dazu passen Salzkartoffeln.

Das Kraut mit Salz und 1 Prise Zucker abschmecken.

Die Blut- und die Leberwürste zum Schweinefleisch geben. Würste in der Brühe heiß werden lassen, aber nicht kochen. Das Fleisch herausheben und in 4 Scheiben schneiden.

Das Sauerkraut portionsweise auf große, vorgewärmte Teller verteilen, das Lorbeerblatt entfernen. Die Würste und das Fleisch auf dem Sauerkraut anrichten.

Irisches Rindergulasch

4 PORTIONEN

Backpflaumen über Nacht einweichen

einfach, braucht Zeit, zum Einfrieren

200 g entsteinte Backpflaumen
750 g Rindfleisch aus der Wade
1 große Zwiebel
250 g Möhren
2 EL Öl
250 g Markknochen
2 EL Mehl
1/2 l Guinness
3 Lorbeerblätter
Salz
frisch gemahlener schwarzer Pfeffer
2 EL gehackte Haselnußkerne
1 EL gehackte Petersilie

Die Backpflaumen über Nacht mit kaltem Wasser bedecken und weichen lassen.

Das Rindfleisch waschen, trockentupfen und in nicht zu kleine Würfel schneiden.

Die Zwiebel abziehen, halbieren und in Scheiben schneiden. Die Möhren schälen und ebenfalls in Scheiben schneiden.

Das Öl in einer Kasserolle erhitzen und das Fleisch darin scharf anbraten. Die Markknochen und die Zwiebeln zufügen und kurz anrösten. Das Mehl darüber stäuben und anbräunen. Mit dem Guinness ablöschen und 1/4 l Wasser angießen.

Das Gulasch mit den Lorbeerblättern, Salz und Pfeffer würzen und die Möhren untermischen. Zugedeckt im vorgeheizten Backofen bei 175°C ca. 2 Stunden schmoren. Während dieser Zeit gelegentlich umrühren und eventuell etwas Wasser nachgießen, falls die Sauce zu dick wird.

Die gehackten Haselnüsse in einer trockenen Pfanne rösten. Vom Herd nehmen und auskühlen lassen.

Die Backpflaumen abtropfen lassen und mit den gerösteten Haselnüssen füllen. 30 Minuten vor Ende der Garzeit die gefüllten Backpflaumen zum Gulasch geben und mitschmoren.

Die Markknochen und die Lorbeerblätter entfernen und das Gulasch nochmals mit Salz und Pfeffer abschmecken. In eine vorgewärmte Schüssel umfüllen und mit der Petersilie bestreuen.

Mit Salzkartoffeln servieren.

Tip:
Dieses traditionelle irische Gericht schmeckt noch besser, wenn es am Vortag gekocht und vor dem Servieren ganz langsam wieder aufgewärmt wird.

Böhmische Bierkasserolle

Die Zwiebeln abziehen und hacken.
Die Sellerieknolle, die Petersilienwurzeln und die Möhren schälen und in kleine Würfel schneiden.

In einer Kasserolle das Butterschmalz erhitzen und das Fleisch darin scharf anbraten. Mit Salz, Pfeffer, Kümmel und Majoran würzen. Das Wurzelgemüse untermischen und das Bier angießen. Zugedeckt bei kleiner Hitze ca. 1 Stund schmoren, dabei gelegentlich umrühren. Sollte die Sauce zu dick einkochen, mit etwas heißem Wasser aufgießen.

Wenn das Fleisch weich ist, die Sauce mit Salz, Zucker und Pfeffer nochmals abschmecken. In eine vorgewärmte Schüssel umfüllen, den Schmant darauf geben und servieren.

Dazu schmecken Fingernudeln.

4 PORTIONEN

einfach, braucht Zeit, zum Einfrieren

500 g Zwiebeln
1/2 kleine Sellerieknolle
2 Petersilienwurzeln
4 Möhren
2 EL Butterschmalz
1 kg Schweinegulasch aus der Schulter
Salz
frisch gemahlener Pfeffer
1 TL Kümmel
1/2 TL gerebelter Majoran
1/2 l Pilsner Bier
1 Prise Zucker
2 EL Schmant

Gemischte Fleischkasserolle

Die Ochsenschwanzstücke waschen und trockentupfen.
Die Zwiebeln abziehen, halbieren und in Scheiben schneiden. Das Suppengrün waschen, trockenschütteln und hacken.

Die Butter in einer großen Kasserolle zerlassen und die Zwiebeln darin leicht anbräunen. Den Ochsenschwanz und das Suppengrün zugeben, kurz anbraten und mit Salz, Pfeffer, Muskatnuß und den Nelken würzen. Das Bier und 1/4 l Wasser angießen, zum Kochen bringen und zugedeckt bei kleiner Hitze 1 Stunde köcheln lassen.

Inzwischen das Lammfleisch und die Kalbsbrust in mundgerechte Stücke schneiden. Unter die Ochsenschwanzstücke heben und eventuell noch etwas Wasser angießen. Mit Salz und Pfeffer würzen und zugedeckt nochmals 1 Stunde schmoren.

Die Petersilie waschen, trockenschütteln und hacken.
15 Minuten vor Ende der Garzeit die Petersilie und die Pfifferlinge untermischen.

6 PORTIONEN

einfach, braucht Zeit

1 kg Ochsenschwanz, vom Metzger zerteilt
500 g Zwiebeln
1 Bund Suppengrün
4 EL Butter
Salz
frisch gemahlener schwarzer Pfeffer
1 Messerspitze geriebene Muskatnuß
3 Gewürznelken
1/2 l helles Bier
500 g Lammfleisch
500 g Kalbsbrust ohne Knochen
1 Bund glatte Petersilie
250 g Pfifferlinge, geputzt
100 g Schmant

Vor dem Servieren den Schmant einrühren und nochmals mit Salz und Pfeffer abschmecken.

Dazu paßt ein Serviettenknödel.

Pfefferpotthast

Zwiebeln abziehen und würfeln.

Das Fleisch in grobe Würfel schneiden und in Butterschmalz kräftig anbraten. Mit Salz und Pfeffer würzen. Zwiebeln dazugeben, umrühren und einige Minuten hellbraun anbraten. Pfefferkörner, Lorbeerblätter dazugeben und mit der Brühe aufgießen. 1 Stunde sanft köcheln lassen.

Petersilie waschen, trockenschütteln und kleinschneiden.

Die Gewürzgurke hacken. Die Kapern grob schneiden und mit etwas Zitronensaft und einigen Pimentkörnern in den Topf geben. Einen Schuß dunkles Bier und die Petersilie zugeben, mit Salz und Pfeffer abschmecken.

Die Westfalen essen zu diesem typischen Gericht am liebsten Stielmus und Salzkartoffeln.

4 PORTIONEN

einfach, braucht Zeit, zum Einfrieren

1 kg Zwiebeln
1 kg Rindfleisch vom Bug zum Braten
50 g Butterschmalz
1 TL Salz
frisch gemahlener schwarzer Pfeffer
einige Pfefferkörner
3 Lorbeerblätter
1 l Brühe
1/2 Bund Petersilie
1 Gewürzgurke
1 EL Kapern
Saft von 1/2 Zitrone
einige Pimentkörner
ein Schuß dunkles Bier

Bayerisches Bierfleisch

Falls das Gulasch nicht schon geschnitten ist, das Rindfleisch in große Würfel teilen. Zwiebeln und Knoblauchzehen abziehen und hacken. Möhren schälen und in große Stücke teilen, Sellerieknolle schälen und klein würfeln. Den Lauch putzen, waschen und in große Stücke schneiden.

Die Hälfte des Fetts im Schmortopf zerlassen und das Fleisch portionsweise rundherum scharf anbraten, wieder herausheben. Das restliche Fett in den Topf geben und Zwiebeln und Knoblauch darin andünsten, mit Mehl bestäuben.

Das Fleisch wieder in den Topf legen, dazu das geschnittene Gemüse, Gewürze und Kräuter. Mit je einer Prise Salz und Zucker würzen, Weinessig zugeben und mit dem Bier aufgießen.

Den Eintopf einmal aufkochen lassen, mit dem Deckel fest verschließen und im vorgeheizten Backofen bei 175°C auf der unteren Schiene 1 1/2 Stunden schmoren lassen.

Inzwischen die Kartoffeln schälen und vierteln. Nach

4 PORTIONEN

einfach, braucht Zeit

800 g mageres Rindsgulasch
2 Zwiebeln
2 Knoblauchzehen
2 große Möhren
1/2 Sellerieknolle
1 Stange Lauch
2 EL Butterschmalz
1 EL Mehl
1 TL Kümmel
1 TL getrockneter Thymian
1 Prise getrockneter Liebstöck
Salz
Zucker
1 EL Weinessig
1/2 l dunkles Bier
4 mehlig kochende Kartoffeln
frisch gemahlener schwarzer Pfeffer

1 1/2 Stunden Garzeit die Kartoffeln in den Eintopf mischen. Die Sauce mit Salz und Zucker abschmecken und kräftig mit schwarzem Pfeffer würzen. Den Topf verschlossen wieder in den Backofen stellen und weitere 30 Minuten schmoren, danach sollten Fleisch und Kartoffeln gar sein.

Ochsenschwanzragout

Das Fleisch abspülen und trockentupfen.

Das Suppengrün waschen und trockenschütteln. Die Zwiebeln abziehen. Suppengrün und Zwiebeln grob hacken.

In einem Schmortopf das Butterschmalz erhitzen. Die Ochsenschwanzstücke hineinlegen und rundum scharf anbraten. Mit Salz und Pfeffer würzen.

Suppengrün und Zwiebeln zum Fleisch geben und kurz mitrösten. Das Bier angießen und den Fleischextrakt unterrühren. Im geschlossenen Topf bei kleiner Hitze 2 Stunden schmoren.

Inzwischen den Lauch und die Möhren putzen. Lauch gründlich waschen und in Ringe, die Möhren in dünne Scheiben schneiden. Die Schalotten abziehen.

Die Butter in einer Kasserolle zerlassen. Das Gemüse hineingeben und unter Rühren glasig dünsten. Die Brühe angießen, mit Salz und Zucker würzen. Zugedeckt in etwa 10 Minuten bißfest garen.

Das Fleisch aus dem Topf heben. Die Schmorflüssigkeit durch ein Sieb in einen anderen Topf gießen. Tomatenmark, Crème fraîche und Thymian unterrühren. Das Gemüse samt Garflüssigkeit untermischen. Das Fleisch wieder in die Sauce legen. Die Sauce eventuell noch einmal mit Salz und Pfeffer abschmecken.

Mit Spätzle oder Salzkartoffeln servieren.

4 PORTIONE

Ochsenschwanz vom Fleische in 5 cm lange Stücke schneide lassen

einfach, braucht Zeit, zum Einfrieren

1,5 kg Ochsenschwanz
1 Bund Suppengrün
250 g Zwiebeln
40 g Butterschmalz
Salz
frisch gemahlener Pfeffer
1/2 l dunkles Bier
1 TL Fleischextrakt
1 kleine Stange Lauch
100 g Möhren
100 g kleine Schalotten
1 EL Butter
1/8 l Brühe
1 Prise Zucker
1 EL Tomatenmark
1 EL Crème fraîche
1 TL getrockneter Thymian

Ein Madl
und ein Krügl Bier
beheben alle Not.
Wer niemand küßt
und auch nicht trinkt,
der ist lebendig tot.

Szegediner Gulasch

4 PORTIONEN
einfach, braucht Zeit

800 g magere Schweinskeule

200 g Zwiebeln
1 Knoblauchzehe
3 EL Öl
1 TL Delikateß-Paprikapulver
1 Messerspitze Kümmel
150 g Tomaten
1 grüne Paprikaschote
Salz
frisch gemahlener Pfeffer
800 g mildes Sauerkraut
2 Lorbeerblätter
250 g saure Sahne

Das Fleisch waschen, trockentupfen und in Würfel schneiden. Zwiebeln und Knoblauchzehe abziehen und hacken. In einem Schmortopf in dem Öl glasig dünsten, vom Herd nehmen und mit Paprikapulver bestäuben.

Die Fleischwürfel dazugeben und bei starker Hitze unter ständigem Rühren kräftig anbraten. Kümmel und etwas Wasser zugeben, zudecken und bei mittlerer Hitze schmoren.

Inzwischen die Tomaten waschen, putzen und in Achtel schneiden. Die Paprikaschote waschen, entstielen und entkernen und in Ringe schneiden.

Tomaten und Paprikaschote dem Fleisch zugeben, salzen und pfeffern und möglichst im eigenen Saft schmoren lassen, dadurch erhält das Gericht seinen typischen Geschmack.

Währenddessen das Sauerkraut in wenig Wasser mit 1 Lorbeerblatt fast gar dünsten. Die Flüssigkeit abseihen.

Die saure Sahne dem Gulasch zugeben und aufkochen lassen. Sauerkraut zufügen, alles miteinander vermischen und weitere 10 Minuten schmoren lassen.

Das Gericht obenauf mit einem Klecks saurer Sahne und dem 2. Lorbeerblatt garnieren. Heiß servieren.

Bei uns versteht man unter „Szegediner Gulasch“ einen Eintopf mit Fleisch und Sauerkraut. In Ungarn heißt das Gulasch "Szekler". Genaugenommen müßte das Gericht "Szekely"-Gulasch heißen. "Szekely" ist der Name eines Kochs und seiner Familie von Gastronomen, die Mitte des letzten Jahrhunderts in Ungarn berühmt waren. Das ursprüngliche Szegediner-Gulasch bereitet man mit Möhren, weißen Rüben oder Pastinaken zu. Zuletzt wird das Gericht durch winzig kleine Teigwaren, eine Art Spätzle, ergänzt.

Kohlrouladen

4 PORTIONEN
einfach, braucht Zeit, zum Einfrieren

1 Kopf Weißkohl
Salz
1 Brötchen vom Vortag
150 g Frühstücksspeck
1 Bund glatte Petersilie
1 Zwiebel
350 g gemischtes Hackfleisch
1 Ei
frisch gemahlener schwarzer Pfeffer
1 TL getrockneter Thymian
2 EL Butterschmalz
300 ml Fleischbrühe
200 g saure Sahne
1 Prise Zucker

Den Kohlkopf waschen und den Strunk ausstechen. Reichlich Salzwasser zum Kochen bringen. Kohlkopf hineinlegen und 20 Minuten bei kleiner Hitze köcheln. Dann herausheben und gut abtropfen lassen.

Das Brötchen in Scheiben schneiden und in etwas heißem Wasser quellen lassen.

Den Frühstücksspeck fein würfeln.

Die Petersilie waschen und trockenschütteln. Die Zwiebel abziehen. Petersilie und Zwiebel hacken.

Für die Füllung das Hackfleisch mit dem Ei, dem ausgedrückten Brötchen, Frühstücksspeck, Petersilie und Zwiebel vermischen. Mit Salz, Pfeffer und Thymian würzen.

Die äußeren Blätter vom Kohlkopf - 8 große oder 12 kleine Blätter - vorsichtig ablösen und die Füllung darauf verteilen. Die Blätter über die Fleischmasse schlagen und mit Küchengarn binden.

Mit Kartoffelpüree oder Salzkartoffeln servieren.

Das Butterschmalz in einem Bräter erhitzen und die Kohlrouladen 10 Minuten rundum braun anbraten. Dann mit der Fleischbrühe übergießen.

Zugedeckt im vorgeheizten Backofen bei 180°C etwa 45 Minuten schmoren. Die fertigen Rouladen aus dem Bräter heben, das Garn entfernen und die Rouladen warm stellen.

Den Bratfond etwas einkochen lassen, die saure Sahne einrühren und mit Zucker, Salz und Pfeffer abschmecken.

Die Rouladen auf einer vorgewärmten Platte anrichten und die Sauce durch ein Haarsieb darübergießen.

Gefüllte Fleischbällchen in Bierteig

PORTIONEN

einfach, Blitzrezept

125 g Mehl
1/8 l helles Bier
1 Messerspitze geriebene Muskatnuß
3 Eier
Salz
100 g Egerlinge
1/2 Bund glatte Petersilie
1 EL Butter
Saft von 1/2 Zitrone
600 g gemischtes Hackfleisch
100 g gemahlene Mandeln
frisch gemahlener Pfeffer
Pflanzenfett zum Fritieren

Dazu paßt ein Tomaten-Gurkensalat mit Zwiebelringen und milder Vinaigrette.

Das Mehl in eine Schüssel geben. In die Mitte eine Mulde drücken. Das Bier, 1 Ei, Salz und Muskatnuß hineingeben und alles zu einem geschmeidigen, nicht zu dünnen Teig rühren. Zugedeckt quellen lassen.

Die Egerlinge putzen, waschen und trockentupfen.

Die Petersilie waschen und trockenschütteln. Pilze und Petersilie hacken.

In einer großen Pfanne die Butter erhitzen und die Egerlinge darin anbraten. Die Petersilie untermischen und den Zitronensaft angießen. So lange dünsten, bis alle Flüssigkeit verdampft ist.

Das Hackfleisch mit den Mandeln, 2 Eiern, Salz und Pfeffer gut verkneten. Mit nassen Händen 8 gleich große Kugeln formen. In jede Kugel mit dem Daumen ein Loch drücken und einen Teil der Pilzmasse hineinfüllen. Gut verschließen und wieder rund formen.

Das Fett in der Friteuse auf 175°C erhitzen. Die Fleischbällchen auf eine zweizinkige Gabel spießen, im Teig wenden und ins heiße Fett gleiten lassen. Ca. 5 Minuten goldbraun fritieren. Herausheben und auf Küchenpapier abtropfen lassen.

Schweinekoteletts mit Äpfeln

Die Schweinekoteletts auf beiden Seiten zwischen Fleisch und Knochen einritzen und die Speckschicht einkerben. Das Fleisch mit Salz und Pfeffer einreiben.

Das Butterschmalz in einer weiten Pfanne erhitzen und die Koteletts scharf anbraten. Die Hälfte des Majorans darüber streuen, die Koteletts wenden, den restlichen Majoran aufstreuen und die Hitze reduzieren. Die Koteletts insgesamt 10 Minuten bei mittlerer Hitze braten, dann aus der Pfanne heben und warm halten. Den Bratensatz mit Bier löschen, das Johannisbeergelee einrühren und die Sauce kurz durchkochen.

Die Äpfel waschen, das Kernhaus ausstechen und jeden Apfel in 6 Scheiben schneiden. Die Butter in einer zweiten Pfanne zerlassen und die Apfelscheiben darin auf beiden Seiten andünsten. Mit Zitronensaft beträufeln, mit Ingwerpulver bestäuben und bei schwacher Hitze weitere 5 Minuten dünsten.

Die Koteletts vor dem Servieren in der Sauce wenden, dann auf den Apfelscheiben anrichten.

Tip:

Mit Rotkohlgemüse aus der Dose und kleinen Salzkartoffeln ist das ein ebenso schnelles wie komplettes und leckeres Gericht.

4 PORTIONEN

einfach, Blitzrezept

4 Schweinekoteletts
Salz
frisch gemahlener Pfeffer
2 EL Butterschmalz
1 TL getrockneter Majoran
1/4 l dunkles Bier
2 TL Johannisbeergelee

2 große Äpfel
2 EL Butter
Saft von 1/2 Zitrone
1 Messerspitze Ingwerpulver

Fürchte Gott,
so wirst du selig,
trinke Bier,
so wirst du fröhlich,
fürchte Gott
und trinke Bier,
so wirst du selig
fröhlich hier.

Rinderlende in Biersauce

4 PORTIONEN
einfach, braucht Zeit

1 kg Rinderlende am Stück
Salz
frisch gemahlener Pfeffer
4 große Zwiebeln
1 Bund Suppengrün
3 EL Butterschmalz
2 EL Tomatenmark
1/4 l dunkles Bier
1/2 l Fleischbrühe
1 TL Johannisbeergelee
1/2 TL gerebelter Majoran
1 EL Zitronensaft

Mit Petersilienkartoffeln und Buttergemüse servieren.

Die Rinderlende abspülen, trockentupfen und kräftig mit Salz und Pfeffer einreiben.

Die Zwiebeln abziehen. Das Suppengrün waschen und trockenschütteln. Beides grob hacken.

Das Butterschmalz in einem Bräter erhitzen und die Lende von allen Seiten scharf anbraten. Zwiebeln und Suppengrün zufügen, kurz mitrösten und das Tomatenmark einrühren. Mit dem Bier ablöschen und die Fleischbrühe angießen. Zugedeckt bei mittlerer Hitze 45 Minuten garen.

Die Lende aus dem Bräter heben und vor dem Anschneiden 10 Minuten ruhen lassen.
Inzwischen die Sauce durch ein Sieb passieren und etwas einkochen. Das Johannisbeergelee einrühren und die Sauce mit Salz, Pfeffer, Majoran und Zitronensaft abschmecken.

Das Fleisch in gleichmäßige Scheiben schneiden und auf einer vorgewärmten Platte anrichten. Die Sauce getrennt dazu reichen.

Zwiebelbierfleisch

PORTIONEN 4
einfach, braucht Zeit

500 g Zwiebeln
4 Scheiben Schweinenacken à 200 g
Salz
frisch gemahlener Pfeffer
2 EL Butterschmalz
1 Messerspitze gemahlener Kümmel
1/2 TL Majoran
1/2 l dunkles Bier
1 EL geriebenes Schwarzbrot

Die Zwiebeln abziehen, halbieren und in nicht zu feine Scheiben schneiden.
Die Fleischstücke mit Salz und Pfeffer würzen.

In einer feuerfesten Form das Butterschmalz erhitzen und das Fleisch auf jeder Seite 5 Minuten anbraten. Aus der Form heben und beiseite stellen.

Die Zwiebeln im Bratfett unter Rühren glasig dünsten. Die Fleischscheiben auf die Zwiebeln legen, mit Kümmel und Majoran würzen. Das Bier angießen und die Schwarzbrotbrösel unterrühren.

Im vorgeheizten Backofen bei 175°C ca. 30 Minuten garen. In der Form auftragen.

Als Beilage Kartoffelpüree und grüne Bohnen reichen.

Rollbraten von gefülltem Schweinebauch

Den Schweinebauch parieren und mit Salz und Pfeffer einreiben. Das Filet ebenfalls würzen. Den Schinken würfeln und mit dem Schweinehack mischen.

Die Champignons putzen, die Zwiebel und den Knoblauch abziehen, alles fein hacken und mit dem Thymian vermischen.

Die Butter in einer Pfanne erhitzen und die Gemüse darin andünsten. Zum Schweinehack geben.

Die Weißbrotscheiben fein zerkrümeln und mit dem Ei, Salz und Pfeffer in die Hackfleischmischung einarbeiten.

Wenn der Schweinebauch zum Rollen breit genug ist, die Füllung auf die Fleischseite streichen und das Filet in die Mitte legen. Oder: In den Schweinebauch eine tiefe Tasche schneiden, die Füllung und das Filet hineingeben.

Den Backofen auf 200°C vorheizen. Den Schweinebauch rollen und mit Küchengarn schnüren: zuerst rundherum in Abständen von etwa 2 cm, dann auf der Rückseite der Länge nach durch die die Wicklung ziehen.

Das Fleisch mit der Nahtstelle nach oben auf einen Rost legen und auf die mit etwas heißem Wasser gefüllte Fettpfanne setzen.

Rundherum mit Öl bestreichen und 1 Stunde bei 200°C braten, dann wenden und 1 weitere Stunde bei 160°C fertiggaren.

Das Garn entfernen und den fertigen Braten vor dem Aufschneiden 10 Minuten ruhen lassen.

8 PORTIONEN

einfach, braucht Zeit, zum Einfrieren

1,8 kg Schweinebauch
Salz
frisch gemahlener Pfeffer
1 Schweinefilet, 400 g

Füllung

150 g gekochter Schinken
250 g Schweinehack
250 g Champignons
1 kleine Zwiebel
2 Knoblauchzehen
1 TL Thymian
1/2 EL Butter
2 Scheiben entrindetes Weißbrot
1 Ei
Öl zum Bestreichen

Gefüllter Schweinerücken

Fleisch waschen, abtrocknen, leicht salzen und 30 Minuten ruhen lassen.

Dann den Braten in Form schneiden: Mit einem scharfen Messer das sehnige Fleisch zwischen den Knochen hahnenkammförmig herausschneiden. Zum Füllen das Fleisch entlang der Knochen fast ganz einschneiden, zur Hälfte quer nach innen schneiden und dann aufklappen.

Für die Füllung die Brötchen in lauwarmer Milch einweichen und gut ausdrücken. Die Geflügelleber waschen, trokkentupfen, die Häutchen entfernen, die Lebern fein hacken. Den Schweinebauch fein würfeln. Die Knoblauchzehen abziehen und pressen. Die Petersilie waschen und grob hacken. Alles gut vermischen und mit Reibkäse, feingehacktem Rosmarin, Salz und Pfeffer abschmecken.

Die Füllung auf das aufgeklappte Fleisch streichen und dieses vorsichtig bis an den Knochen zurückrollen. Die beiden Enden zunähen oder mit Rouladennadeln zusammenhalten. Das Fleisch zwischen den Knochen zubinden.

Das Fleisch in einen Bräter legen, die Butter in Flocken darüber verteilen und den Schweinerücken bei 200°C im vorgeheizten Backofen etwa 10 bis 15 Minuten bräunen.

1/4 Liter Wasser zugießen, den Braten mit Alufolie bedecken und 40 bis 45 Minuten bei 180°C fertig braten. Mit einer Fleischgabel feststellen, ob das Fleisch gar ist, dann die Alufolie abnehmen und den Braten bei 220°C knusprig braun werden lassen.

Den Schweinerücken etwas abkühlen lassen, damit die Füllung beim Anschneiden nicht bricht.

Das Fleisch im ganzen auf eine vorgewärmte Platte legen und erst bei Tisch in Scheiben schneiden.

Reichen Sie zu diesem Braten eine große Schüssel gemischten Salat.

4 PORTIONEN

einfach, braucht Zeit

1,5 kg Schweinerücken am Stück
Salz
2 altbackene Brötchen
100 ml Milch
150 g Geflügelleber
100 g geräucherter Schweinebauch
2 Bund Petersilie
2 Knoblauchzehen
150 g Emmentaler, gerieben
1 TL Rosmarinnadeln
frisch gemahlener schwarzer Pfeffer
30 g Butter

Altbayerische Kalbshaxe

PORTIONEN

einfach, braucht Zeit

1 Kalbshaxe (Hinterhaxe), 2 kg
Salz
frisch gemahlener Pfeffer
1 große Zwiebel
1/2 kleine Sellerieknolle
1 Petersilienwurzel
250 g Möhren
3 EL Öl
4 kleine Kalbsknochen
1/4 l Brühe
1/4 l helles Bier

Die Kalbshaxe waschen, mit Küchenpapier trockentupfen und mit Salz und Pfeffer einreiben.

Die Zwiebel abziehen. Sellerieknolle, Petersilienwurzel und Möhren putzen. Alles grob würfeln.

Das Öl in einem Bräter erhitzen und die Kalbshaxe von allen Seiten braun anbraten. Die Haxe herausnehmen und die Kalbsknochen im Bratfett bräunen. Das Wurzelgemüse zufügen und kurz anrösten.

Die Kalbshaxe wieder in den Bräter zurück legen, Brühe und Bier angießen. Im vorgeheizten Backofen bei 200°C gut 2 Stunden schmoren. Dabei von Zeit zu Zeit die Haxe mit dem Bratensaft begießen.

Die fertige Kalbshaxe aus dem Bräter heben und im abgeschalteten Backofen warm halten.

Den Bratensaft durch ein Sieb in eine Kasserolle gießen und etwas einkochen lassen. Die Sauce mit Salz und Pfeffer abschmecken.

Die Kalbshaxe im Ganzen auftragen und erst am Tisch das Fleisch vom Knochen lösen. Die Sauce getrennt dazu reichen.

Als Beilage Kartoffel- und Feldsalat reichen.

Rinderschmorbraten "Vater Martin"

Das Fleisch waschen und mit Küchenpapier trockentupfen. Die Zwiebel abziehen und grob hacken. Das Suppengrün waschen, trockenschütteln und ebenfalls hacken.

Das Fleisch in eine Schüssel legen und mit dem Bier übergießen. Zwiebel, Suppengrün, Lorbeerblatt, Thymian, Gewürznelken, Pfefferkörner und Öl zufügen. An einem kühlen Ort zugedeckt über Nacht ziehen lassen, dabei mehrmals wenden.

Am nächsten Tag das Fleisch aus der Marinade heben und gut abtrocknen. Die Marinade abseihen.

Das Butterschmalz in einem Schmortopf erhitzen und das Fleisch darin rundum scharf anbraten. Die Schalotten abziehen und halbieren. Zum Fleisch geben und kurz mitbraten. Mit der Marinade ablöschen, mit Salz und Pfeffer würzen und zugedeckt bei mittlerer Hitze 2 Stunden schmoren.

Die Champignons putzen und halbieren. Den Schinken in kleine Würfel schneiden. Beides 15 Minuten vor Ende der Garzeit zum Schmorbraten geben.

Die Trauben waschen und verlesen. In einer Kasserolle die Butter, den Zucker und 2 Eßlöffel Wasser aufkochen und die Weintrauben hineingeben. Bei kleiner Hitze kurze Zeit darin schwenken.

Den fertigen Schmorbraten aus der Sauce heben und vor dem Anschneiden etwas ruhen lassen. Die Speisestärke mit wenig Wasser verquirlen und unter die Sauce rühren. Noch einmal aufkochen und mit Salz, Pfeffer und Thymian abschmecken. Die Sauce abseihen.

Das Fleisch in gleichmäßige Scheiben schneiden und auf einer vorgewärmten Platte anrichten. Mit den glasierten Trauben und der Garnitur aus der Sauce umlegen. Die Sauce getrennt dazu reichen.

Dazu schmecken in Butter geschwenkte Bandnudeln.

4 PORTIONEN

Das Fleisch über Nacht marinieren

einfach, braucht Zeit

1,2 kg Rinderbraten (dicker Bug)
1 große Zwiebel
1 Bund Suppengrün
1 l Kölsch
1 Lorbeerblatt
3 Zweige Thymian
2 Gewürznelken
6 schwarze Pfefferkörner
4 EL Öl
2 EL Butterschmalz
Salz
frisch gemahlener Pfeffer
200 g Schalotten
200 g kleine, frische Champignonköpfe
125 g gekochter Schinken
200 g grüne, kernlose Weintrauben
30 g Butter
1 EL Zucker
1 1/2 EL Speisestärke
1/2 TL Thymian

Bayerischer Schweinebraten mit Kruste

8 PORTIONEN
einfach, braucht Zeit, zum Einfrieren

2 kg Schweinebraten aus der Schulter mit Schwarte
Salz
frisch gemahlener Pfeffer
2 EL Schweineschmalz
1 Knoblauchzehe
1 TL Kümmel
1 EL weiche Butter
1/2 l dunkles Bier

Den Schweinebraten unter fließendem Wasser kurz abspülen und trockentupfen.

Die Schwarte mit einem scharfen Messer rautenförmig einschneiden. Den Braten von allen Seiten mit Salz und Pfeffer kräftig einreiben.

Den Ofen auf 220°C vorheizen und in der Fettpfanne das Schweineschmalz erhitzen.

Den Braten mit der Schwarte nach unten hineinlegen, mit 1/4 Liter heißem Wasser übergießen und 15 Minuten anbraten.

Dann die Backofentemperatur auf 180°C reduzieren, das Fleisch umdrehen und weitere 2 Stunden braten. Dabei ab und zu heißes Wasser angießen, damit der Braten nicht anbrennt. Die Knoblauchzehe abziehen. Den Kümmel im Mörser zerstoßen. Knoblauch und Kümmel mit der weichen Butter vermischen. 30 Minuten vor Ende der Bratzeit die Kruste damit bestreichen.

Die letzten 20 Minuten den Ofen auf Oberhitze stellen und den Braten mehrmals mit dem dunklen Bier begießen.

Den fertigen Schweinebraten aus dem Ofen nehmen und vor dem Anschneiden 10 Minuten ruhen lassen.

Die Fettpfanne mit der Sauce auf den Herd stellen und den Bratensatz loskochen. Die Sauce abschmecken, durch ein Sieb passieren und getrennt zum Braten reichen.

Mit Kartoffelknödeln und gemischtem Salat servieren.

Man soll
von Gottes Gaben
nicht stets
das beste haben.
Drum Wasser
nicht verschwenden,
weil es das Best
aus Gottes Händen.
Bescheiden sei allhier
und trinke Bier.

Würziger Spanferkelbraten

Den Backofen auf 220°C vorheizen.
Die Schulter rundherum mit Salz und Pfeffer einreiben. Die Knochen in einem Bräter verteilen. Die Schulter mit der Schwarte nach unten auf die Knochen legen. Das Schmalz in einem kleinen Topf zerlassen und über das Fleisch träufeln. Wenig Wasser angießen, so daß gerade der Boden bedeckt ist. Im Ofen auf der mittleren Schiene 30 Minuten garen.

Den Sellerie schälen, in 1 cm große Würfel schneiden. Die Möhre schälen und ebenfalls klein würfeln. Die Zwiebel abziehen und achteln.

Die Schulter umdrehen, die Schwarte mit einem scharfen Messer rautenförmig einschneiden. Das vorbereitete Gemüse seitlich dazugeben. Die ausgebeinte Schulter weitere 30 Minuten, die Schulter mit Knochen nochmals 1 Stunde schmoren.

Inzwischen den Knoblauch abziehen, durch die Presse drücken und mit Butter und Kümmel vermischen. Die Schwarte damit bestreichen, noch 15 Minuten weiterschmoren.

Das Fleisch herausheben und im abgeschalteten Ofen auf dem Blech ruhen lassen. Den Bratensatz mit Weißbier ablöschen, in einen Topf gießen, einmal aufkochen lassen, mit Salz und Pfeffer abschmecken. Durch ein feines Sieb passieren. In eine Sauciere gießen und mit der Schulter servieren.

Dazu passen böhmische Knödel und Weißkraut.

4 PORTIONEN

Schweinebraten und Bier, das gehört zusammen wie Kaffee und Kuchen, wie Käse und Wein.

einfach, braucht Zeit

800 g ausgebeinte Spanferkelschulter
oder 1,5 kg Schulter mit Knochen
Salz
frisch gemahlener schwarzer Pfeffer
einige kleingehackte Knochen/Rippen
1 EL Schweineschmalz
1 kleines Stück Knollensellerie
1 Möhre
1 kleine Zwiebel
1 Knoblauchzehe
2 EL weiche Butter
1 TL gehackter Kümmel
200 ml Weißbier

Zuviel kann man wohl trinken, doch trinkt man nie genug.

Das Bier-Menü

Biersuppe mit Schwarzbrotklößchen

Fritierte Maultaschen

Lachsforelle aus dem Biersud

Biskuitspeise mit Weißbiercreme

Die Zubereitung eines festlichen Menüs ist selten eine Blitzaktion. Der besondere Anlaß rechtfertigt aber etwas Zeitaufwand und Mühe, die Ihre Gäste sicherlich zu schätzen wissen.

Damit die Vorbereitungen nicht in Schwerstarbeit ausarten und im Chaos enden, empfiehlt sich ein Arbeitsplan für jedes mehrgängige Menü. Erledigen Sie die Einkäufe und die vollständige oder teilweise Zubereitung von Gerichten am Vortag.

Im Fall dieses Biermenüs können Sie folgendes vorbereiten:

❖ Die Schwarzbrotklößchen für die Biersuppe backen, nach dem Auskühlen in einer Blechdose aufbewahren und am nächsten Tag wieder aufbacken.

❖ Die Maultaschen für das Zwischengericht zubereiten und kochen. Am nächsten Tag brauchen sie dann nur noch fritiert zu werden.

❖ Das Dessert "Biskuitspeise mit Weißbiercreme" und das Himbeermark fertigstellen und im Kühlschrank aufbewahren.

Wenn all dies am Vortag erledigt wurde, ist das Servieren des Menüs ein Kinderspiel, und Sie sind eine frische und muntere Gastgeberin.

Biersuppe mit Schwarzbrotklößchen

PORTIONEN
einfach

200 g altbackenes Schwarzbrot
50 g Butter
3 Eier Gewichtsklasse 3
30 g Zucker
1/2 TL Salz
1 TL getrockneter Thymian
2 unbehandelte Zitronen
1-2 EL Milch
1 Messerspitze Zimt
1/2 l helles Bier
400 ml klare Ochsenschwanzsuppe (aus dem Glas)
1 EL Speisestärke
4 EL Crème fraîche

Das Schwarzbrot reiben. Die Butter schaumig schlagen und das Schwarzbrot unterrühren.

Die Eier trennen. Das Eigelb, Zucker, Salz, Thymian, die abgeriebene Schale von 1 Zitrone, die Milch und den Zimt unter die Schwarzbrotmasse mengen.

Das Eiweiß sehr steif schlagen und vorsichtig unter die Masse heben.

Ein Backblech mit Backpapier auslegen. Mit zwei Teelöffeln aus der Masse kleine Klößchen abstechen und auf das Backblech setzen. Im vorgeheizten Backofen bei 175°C etwa 15 Minuten backen. Die fertigen Klößchen aus dem Ofen nehmen und etwas auskühlen lassen.

Das Bier mit der Ochsenschwanzsuppe aufkochen.

Die Speisestärke mit 100 ml Wasser verquirlen, unter die Suppe rühren, noch einmal aufkochen und vom Herd nehmen.

Mit dem Juliennereißer schmale Streifen von der Zitronenschale ziehen.

Die Brotklößchen auf 4 Suppenteller verteilen, die Biersuppe darüber geben und mit Crème fraîche und den Zitronenstreifen garnieren.

Fritierte Maultaschen mit Bierschaum

Das Mehl auf die Arbeitsfläche sieben, in die Mitte eine Mulde drücken und 4 Eier, 1/2 Teelöffel Salz und 1-2 Eßlöffel kaltes Wasser hineingeben. Alles zu einem glatten Nudelteig verkneten und an einem warmen Ort zugedeckt ruhen lassen.

Die Zwiebel abziehen und fein hacken. Den Speck in dünne Streifen schneiden.

In einer trockenen Pfanne den Speck auslassen und die Zwiebel darin glasig dünsten.

Das Hackfleisch mit der Speck-Zwiebelmischung, dem Bratwurstbrät, den restlichen Eiern, den Semmelbröseln und der Petersilie gut vermengen. Mit geriebener Muskatnuß, Salz und Pfeffer abschmecken.

Den Nudelteig teilen und auf der bemehlten Arbeitsfläche dünn zu 2 gleich großen Teigplatten ausrollen. Mit einem Löffel kleine Häufchen der Füllung im Abstand von 6 cm auf einer Teigplatte verteilen. Das Eiweiß verquirlen und den Teig um die Häufchen damit bestreichen. Die zweite Teigplatte darüberlegen. Mit dem Teigrad Quadrate ausschneiden und an den Rändern fest zusammendrücken. 10 Minuten trocknen lassen.

Inzwischen die Frühlingszwiebeln putzen, waschen und 2 Minuten in kochendem Salzwasser blanchieren. Dann abgießen und mit kaltem Wasser abschrecken. Die Butter in einem Töpfchen zerlasen und die Frühlingszwiebeln darin schwenken und wieder erhitzen.

Die Maultaschen in kochendes Salzwasser einlegen und in 10 Minuten garen. Dann herausheben und gut abtropfen lassen. Das Fett in der Friteuse auf 175°C erhitzen und die Maultaschen portionsweise darin goldbraun ausbacken. Die fertigen Maultaschen mit dem Schaumlöffel aus dem Fett heben, auf Küchenpapier abtropfen lassen und anschließend warm stellen.

Für die Bierschaumsauce das Eigelb mit 100 ml Weißbier in einer passenden Schüssel oder dem Wasserbadeinsatz zu

4 PORTIONEN

einfach, braucht Zeit

Maultaschen

400 g Mehl
7 Eier
Salz
1 große Zwiebel
100 g Frühstücksspeck
250 g Hackfleisch
250 g Bratwurstbrät
3 EL Semmelbrösel
2 EL gehackte Petersilie
frisch geriebene Muskatnuß
frisch gemahlener Pfeffer
Mehl für die Arbeitsfläche
1 Eiweiß
Fett zum Fritieren

16 Frühlingszwiebeln
Salz
40 g Butter

Sauce

4 Eigelb
200 ml Weißbier
Salz
frisch gemahlener Pfeffer
1 EL Sherry
2 EL gehackte frische Kräuter, z.B. Schnittlauch, Petersilie, Estragon

einer glatten Creme aufschlagen. Mit Salz und Pfeffer würzen und den Sherry unterrühren.

Wenig Wasser in einem Topf erhitzen. Die Schüssel mit der Creme in den heißen Dampf hängen, sie darf das heiße Wasser nicht berühren. Das restliche Weißbier angießen und kräftig von Hand mit dem Schneebesen schlagen, bis die Masse schaumig in der Schüssel hochsteigt und eindickt. Zum Schluß die gehackten Kräuter einrühren.

Die fritierten Maultaschen portionsweise mit Frühlingszwiebeln und dem Bierschaum auf vorgewärmten Tellern anrichten.

Die meisten Leut
sterben im Bett.
Drum geh ich lieber
ins Wirtshaus.

Lachsforelle aus dem Biersud

4 PORTIONEN
einfach

1 Lachsforelle, ca. 1,2 kg, küchenfertig vorbereitet
Salz
125 g Frühstücksspeck in dünnen Scheiben
1 Bund Suppengrün
1 große Gemüsezwiebel
60 g Butter
1 Kräutersträußchen, z.B. Petersilie, Dill, Fenchelgrün
1 l helles Bier
400 ml Fischfond
4 dicke Lauchstangen
frisch gemahlener weißer Pfeffer
1 Prise Zucker
150 g Crème fraîche

Die Lachsforelle gründlich waschen und mit Küchenpapier trockentupfen. Innen leicht salzen, die Forelle mit den Speckstreifen umwickeln und mit Küchengarn zusammenbinden.

Das Suppengrün waschen, trockenschütteln und grob hacken. Die Zwiebel abziehen und ebenfalls hacken.

Die Hälfte der Butter in einem Fischtopf zerlassen, Suppengrün und Zwiebel darin anrösten. Die Forelle auf dem Locheinsatz darauf legen, das Kräutersträußchen zufügen und das Bier sowie den Fischfond angießen. Die Forelle muß knapp bedeckt sein. Zugedeckt bei mittlerer Hitze ca. 30 Minuten pochieren.

Inzwischen den Lauch putzen, waschen und in Salzwasser blanchieren. Jede Stange einmal der Länge nach und einmal quer halbieren. Die restliche Butter zerlassen, den Lauch darin schwenken und mit wenig Salz und Pfeffer würzen.

Die Forelle aus dem Sud heben, das Garn entfernen und den Fisch warm stellen. Den Fischsud abseihen und 3/4 Liter Sud in einem Topf auf die Hälfte einkochen. Die Crème fraîche unterrühren und mit Salz, Zucker und Pfeffer abschmecken.

Die Forelle auf eine vorgewärmte Platte geben, dekorativ mit dem Lauch umlegen und die Sauce getrennt dazu servieren. Die Forelle erst am Tisch portionieren.

Als Beilage kleine Petersilienkartoffeln reichen.

Biskuitspeise mit Weißbiercreme

8 PORTIONEN
einfach, braucht Zeit, zum Einfrieren

Weißbiercreme
100 g Pumpernickel
2 Eier
200 g Zucker
8 Blatt Gelatine
1 TL Lebkuchengewürz
300 g saure Sahne
150 ml Weißbier
500 g Schlagsahne

1 Biskuit-Tortenboden, fertig gekauft
100 ml Weißbier
1 Glas eingemachte Preiselbeeren, 400 g

Himbeermark
600 g Himbeeren
3 EL Puderzucker
Saft von 1/2 Zitrone

Eine Springform mit 26 cm Durchmesser

Den Pumpernickel fein reiben.
Die Eier und den Zucker mit dem elektrischen Rührgerät etwa 5 Minuten zur einer schaumigen, weißen Creme aufschlagen.

Die Gelatine in kaltem Wasser einweichen.

Das Lebkuchengewürz, die saure Sahne und das Weißbier mit dem Schneebesen von Hand in die Eicreme einrühren.

Die tropfnassen Gelatineblätter in einem Töpfchen bei kleiner Hitze unter Rühren auflösen. Die flüssige Gelatine unter die Weißbiercreme ziehen und die Creme im Kühlschrank stehen lassen, bis sie leicht zu gelieren beginnt.

Inzwischen die Schlagsahne steif schlagen. Wenn man auf der Weißbiercreme "Straßen" ziehen kann, die Schlagsahne und die Hälfte des Pumpernickels vorsichtig unterheben.

Den Biskuitboden in der Mitte waagrecht halbieren, eventuell auf die Springform zuschneiden und jede Hälfte mit Weißbier tränken. Die Preiselbeeren auf die Biskuits streichen und einen Tortenboden in die Springform setzen. 2/3 der Weißbiercreme darauf häufen und glatt verstreichen. Den zweiten Biskuitboden darauflegen und die restliche Weißbiercreme darüberstreichen. Die Speise mit dem restlichen Pumpernickel bestreuen und mindestens 6 Stunden - besser über Nacht - in den Kühlschrank stellen.

Für das Himbeermark die Himbeeren verlesen und pürieren. Mit dem Puderzucker und dem Zitronensaft vermischen und durch ein Sieb streichen.

Zum Servieren die Biskuitspeise aus der Springform lösen, in Tortenstücke schneiden und zusammen mit dem Himbeermark portionsweise anrichten. Nach Belieben kann noch mit frischen Himbeeren garniert werden.

Schlägt Kümmernis
die Herzen wund,
das gute Bier
macht sie gesund.

Gemüsegelee

Zwiebelsuppe

Lammbraten nach Bierbrauer-Art

Hollerküchle auf Hollermus

Unsere Biermenüs sind so zusammengestellt, daß mindestens ein Gang und Teile von weiteren Gerichten einen Tag im voraus zubereitet werden können. Am besten kopieren Sie die Rezepte aus dem Buch und streichen an, was schon am Vortag erledigt werden kann.

Wir stellen die Rezepte so vor, wie sie als Einzelgerichte gut schmecken und komplett sind. Im Rahmen eines Menüs können Sie allerdings die Portionen verkleinern oder einzelne Beilagen weglassen.

Folgende Vorbereitungen empfehlen sich:

❖ Das Gemüsegelee am Vortag zubereiten. Als Vorspeise im Menü eventuell keine Bratkartoffeln dazu reichen, sondern nur etwas Remouladensauce.

❖ Die Zwiebelsuppe kann im voraus gekocht werden. Vor dem Servieren aufwärmen und mit Brotwürfeln, Schnittlauch und Käse ergänzen.

❖ "Hollerküchle auf Hollermus": Wenn Sie das Hollermus nicht selbst eingekocht haben oder kaufen können: Reichen Sie zu den Hollerküchle Rhabarberkompott oder Erdbeermark. Ganz frisch fritierte Hollerküchle schmecken auch einfach mit Puderzucker bestäubt zu einer Tasse Kaffee.

Gemüsegelee

4 PORTIONEN

einige Stunden vorher zubereiten

einfach, braucht Zeit

1/2 kleiner Kopf Weißkraut
1 grüne Paprikaschote
1 rote Paprikaschote
1 gelbe Paprikaschote
Salz
12 Blatt weiße Gelatine
600 ml Gemüsebrühe
400 ml Exportbier
6 EL Essig
frisch gemahlener Pfeffer
1 Prise Zucker

Die äußeren Blätter und den Strunk vom Weißkraut entfernen. Das Kraut in feine Streifen hobeln.

Die Paprikaschoten halbieren, entkernen und in schmale Streifen schneiden.

Das Kraut und die Paprika getrennt in kochendem Salzwasser 10 Minuten garen. Das Gemüse abschütten, kurz in Eiswasser tauchen und gut abtropfen lassen.

Die Gelatine 5 Minuten in kaltem Wasser einweichen. Die Gemüsebrühe mit dem Bier und dem Essig einmal aufkochen, mit Salz, Pfeffer und Zucker süßsauer und sehr würzig abschmecken. Die Gelatine ausdrücken, in der heißen Brühe auflösen und abkühlen lassen.

In eine Kastenform mit der Gelatinebrühe einen Spiegel gießen und im Tiefkühlfach 5 Minuten anziehen lassen. Die Paprikastreifen farblich abwechselnd einlegen und mit etwas Brühe begießen. Dann das Gemüse lagenweise einfüllen. Sobald die Brühe zu gelieren beginnt, über das Gemüse gießen. Zum Erstarren einige Stunden in den Kühlschrank stellen, bis das Gelee ganz fest ist.

Vor dem Anrichten die Kastenform in heißes Wasser tauchen, das Gelee vorsichtig aus der Form stürzen und in nicht zu dünne Scheiben schneiden.

Mit Bratkartoffeln servieren. Variation: Nach Belieben das Gemüsegelee mit Zwiebelringen und Essig sauer anrichten.

Zwiebelsuppe

Die Zwiebeln abziehen, halbieren und in feine Scheiben schneiden.

Die Butter in einem Topf zerlassen und die Zwiebeln darin 15 Minuten dünsten.

Den Apfel waschen, vierteln, entkernen und in dünne Scheiben schneiden. Unter die Zwiebeln mischen und kurz mitdünsten. Mit dem Mehl bestäuben. Die Fleischbrühe und das Bier angießen, mit Salz, Pfeffer und Majoran kräftig würzen und 30 Minuten bei kleiner Hitze köcheln lassen.

Das Brötchen in Würfel schneiden und in der Butter anrösten. Beiseite stellen.

Den Schnittlauch waschen, trockenschütteln und in feine Röllchen schneiden.

Die Zwiebelsuppe in vorgewärmte Suppenteller füllen und Gouda, Brotwürfel und Schnittlauchröllchen darauf verteilen.

Die Zwiebelsuppe sehr heiß servieren.

4 PORTIONEN

einfach, braucht Zeit

500 g Zwiebeln
50 g Butter
1 Apfel
1 EL Mehl
1 l heiße Fleischbrühe
1/4 l Pilsener Bier
Salz
frisch gemahlener weißer Pfeffer
1/2 TL gerebelter Majoran
1 Brötchen
1 EL Butter
1 Bund Schnittlauch
75 g geriebener, mittelalter Gouda

Wer war Gambrinus?
Gambrinus im Leben ward ich genannt,
Ein König in Flandern und Brabant,
Aus Gersten hab ich Malz gemacht
Und das Bierbrauen daraus erdacht.
Drum können die Brauer mit Wahrheit sagen,
Daß sie einen König zum Meister haben.

Lammbraten nach Bierbrauer-Art

Die Lammkeule waschen, trockentupfen, Sehnen und Fett abschneiden. Das Fleisch kräftig mit Salz und Pfeffer einreiben.

Die Zwiebeln und den Knoblauch abziehen und hacken. Das Suppengrün waschen, trockenschütteln und ebenfalls hacken.

In einem Bräter das Schweineschmalz erhitzen. Die Keule darin von allen Seiten scharf anbraten. Keule herausheben und die Zwiebeln, Knoblauch und Suppengrün kurz im Bratfett anrösten.

Die Keule auf das Röstgemüse legen, den Weinessig und das Bier angießen. Im vorgeheizten Backofen bei 175°C ca. 1 1/2 Stunden im geschlossenen Topf schmoren. Während dieser Zeit die Keule nach und nach mit der Fleischbrühe begießen.

Die Kartoffeln schälen. Nach 30 Minuten Schmorzeit zum Fleisch in den Bräter legen und die restliche Stunde mitgaren.

Die fertige Keule und die Kartoffeln aus dem Bräter heben und warm stellen. Den Bratfond durch ein Sieb in einen Topf gießen, das Röstgemüse dazu passieren. Die Kapern zugeben und die Sauce kurz einkochen.

Das Eigelb mit der sauren Sahne verquirlen, in die Sauce rühren und nicht mehr kochen lassen. Die Sauce mit Salz, Pfeffer und Zucker abschmecken und getrennt zum Fleisch servieren.

Auf einer vorgewärmten Platte mit den Kartöffelchen und grünen Bohnen im Speckmantel reichen.

6 PORTIONEN
einfach, braucht Zeit

1 Lammkeule ohne Knochen, ca. 1,5 kg
Salz
frisch gemahlener schwarzer Pfeffer
250 g Zwiebeln
2 Knoblauchzehen
1 Bund Suppengrün
2 EL Schweineschmalz
50 ml milder Weinessig
1/2 l dunkles Bier
200 ml Fleischbrühe
800 g kleine, neue Kartoffeln
1 EL Kapern
2 Eigelb
100 g saure Sahne
1 Prise Zucker

Hollerküchle auf Hollermus

Hollerküchle

Mehl, Salz, Zucker, Bier und Eigelb zu einem glatten Teig verrühren und 30 Minuten quellen lassen. Ist der Teig zu dickflüssig, eventuell mit 1 bis 2 Eßlöffel Bier verdünnen.

Das Eiweiß mit einer Prise Salz zu steifem Schnee schlagen und vorsichtig unter den gequollenen Teig heben.

Das Fett in einer hohen Pfanne erhitzen. Mit einem Kochlöffelstiel die Hitze kontrollieren: Wenn sich am Stiel Blasen bilden, ist das Fett heiß genug. Sofort die Holunderblüten am Stiel fassen, einmal tief in den Teig tauchen, kurz abtropfen lassen und ins Fett tauchen. Nach etwa 2 Minuten herausheben, auf Küchenpapier abtropfen lassen und sofort mit Puderzucker bestäuben.

Hollermus

Die Holunderbeeren waschen und verlesen. Die Beeren mit Zucker, Zimt und Rotwein unter Rühren aufkochen. Bei schwacher Hitze etwa 15 bis 20 Minuten köcheln lassen, bis das Mus etwas eindickt.

Inzwischen die Himbeeren verlesen, in das Hollermus rühren und einmal aufkochen lassen.

Das Mus sofort in heiß gespülte, saubere Gläser abfüllen und fest verschließen.

Den Backofen auf 200°C vorheizen, in der Fettpfanne ein heißes Wasserbad, etwa 3 cm hoch, vorbereiten. Die Gläser ins heiße Wasserbad stellen und 30 Minuten sterilisieren.

Das ausgekühlte Hollermus trocken, kühl und dunkel lagern.

Zum Servieren auf jeden Teller 3 Eßlöffel Hollermus geben, nach Belieben mit einem Kringel Crème fraîche dekorieren, die Hollerküchle daraufsetzen und das Gericht mit Puderzucker bestäuben.

4 PORTIONEN

Das zarteste Beispiel für Fritiertes im Backteig sind sicherlich die Hollerküchle. Besonders raffiniert ist es, sie auf Hollermus zu reichen, das man jeweils im letzten Sommer eingekocht hat oder als Konserve kaufen kann.

einfach, braucht Zeit

Hollerküchle

80 g Mehl
je 1 Prise Salz und Zucker
1/8 l Bier
1 Ei, getrennt
500 g Pflanzenfett zum Fritieren
20 Holunderblüten
Puderzucker

Hollermus

500 g Holunderbeeren
200 g Zucker
1/2 Zimtstange
100 ml Rotwein
250 g Himbeeren

Rezeptverzeichnis